중국 선시禪詩의 향기

중국 선시禪詩의 향기

초판 1쇄 인쇄 | 2025년 02월 22일
지은이 | 곽경립
펴낸이 | 이재욱(필명:이승훈)
펴낸곳 | 해드림출판사
주   소 | 서울 영등포구 경인로82길 3-4(문래동1가 39)
         센터플러스빌딩 1004호(우편07371)
전 화 | 02-2612-5552
팩 스 | 02-2688-5568
E-mail | jlee5059@hanmail.net

등록번호   제2013-000076
등록일자   2008년 9월 29일

ISBN   979-11-5634-623-4

・ 이 책의 모든 권리는 저자에게 있습니다.
  저자의 허락 없이 이 책의 일부 또는 전체의 무단 전재 및 복제,
  인터넷 매체 유포를 금합니다.

중국 선시禪詩의 향기

선시禪詩에 나타난
불교 사상으로
살펴보는 삶의 지혜

곽경립 지음

"생로병사의 근심과 슬픔,
그리고 번뇌의 고통에서 벗어나려면
탐욕의 불꽃, 노여움의 불꽃, 어리석음의 불꽃을
완전히 태워 열반에 이르러야 한다."

해드림출판사

책을 펴내면서

　시간은 길고 짧음에 관계없이 흐르는 게 너무 빠른 것 같습니다. 50을 넘겨 하지 못한 공부를 시작한 지도 벌써 25년이 훌쩍 지나갔습니다. 그런데도 지금까지 무엇을 했는지, 해 놓은 일이 아무것도 없습니다.

　처음에는 공부하기에 너무 늦은 나이라 망설이기도 했습니다. 그러나 어린 시절 하지 못했던 공부에 대한 막연한 동경이 늘 가슴에 남아있었기에, 무엇을 어떻게 하겠다는 생각 없이 시작했습니다. 물론 먹고 살기 위하여 생활 전선을 뛰어다니며 하는 공부라, 평생을 고

생만 했던 아내에게 또다시 무거운 짐을 지게 했습니다. 목표가 정해지지 않은 이정표 없는 막연한 길, 그 길이 중국 문학이었으나 즐거웠습니다.

 삶이란 우연이 인연을 만나면 필연이 되는 건지, 몇 십 년 만에 생각지도 못했던 중학교 동창을 만나게 되었습니다. 그리고 그 친구의 소개로 청화淸華 스님을 뵙게 되었습니다. 그때는 어머니께서 폐암으로 생의 마지막을 준비하고 계시던 때였습니다. 독실한 불교 신자였던 나의 어머니, 정말 너무나도 신앙에 충실하셨던 어머니였기에 그런 몹쓸 병에 걸리리라곤 생각지 못했습니다. 세상에 일어나는 일을 우리 같은 미물이 어찌 알겠습니까만, 세상이 원망스러웠습니다. 그러나 어머니께서는 당신의 운명을 너무도 담담하게 받아들였습니다.

저는 청화 스님이 제주에 오셨을 때, 염치없이 말씀을 드렸습니다. '저의 어머니를 만나 좋은 말씀 한마디 해주시면 안 되겠습니까'라고. 스님은 기꺼이 승낙해 주셨습니다. 그리고 일 년이 채 못되어 어머니는 다시는 돌아올 수 없는 먼 길을 떠났습니다.

아무 일 없는 듯 시간이 흘러가던 어느 여름날이었습니다. 친구의 제안으로 스님이 계신 성륜사를 방문하게 되었습니다. 그날 스님은 저에게 또 다른 인연을 만들어 주셨습니다. 스님이 저에게 주신 두 권의 책, 불교에 대하여 전혀 모르고 있던 무뢰한에게 스님은 무엇을 보고 이 두 권의 책을 성륜사 방문 기념으로 주셨을까요, 그것도 내 친구가 아닌 저에게 주신 스님의 크고 크신 마음을 짐작할 수가 없었습니다.

무엇을 공부해야 할지 막연한 저의 행로에 대한 스님의 걱정스러운 마음이 결국 이런 인연을 만들어 주신 건 아닌지 지금 생각해도 너무나 신기하기만 합니다.

물론 책을 읽어본 후, 저는 불교라는 종교와 왕유王維라는 한 시인에 대하여 좀 더 알고 싶었습니다. 그래서 왕유王維의 시詩를 본격적으로 공부하게 되었습니다. 스님이 살아 계시는 동안 자주 찾아뵙지는 못했습니다만, 스님이 열반 하시고 꽤 오랜 시간이 지난 지금도 스님이 하신 말씀이 귀에 쟁쟁합니다.

"공부하기에는 너무 늦은 것 같습니다. 지금부터 수행

정진하십시오. 그것만이 깨달음에 이르는 길입니다."
 스님, 저는 지금도 불도佛道가 무엇인지 모릅니다. 그리고 수행 정진은 꿈도 꾸지 못하고 있습니다. 그러나 가끔은 스님이 생각이 납니다.

 이 책은 청화淸華 스님의 공덕으로 만들어진 책이라고 감히 말하고 싶습니다. 스님의 승낙 없이 이렇게 함부로 말을 해서는 안 되겠지만, 스님의 주신 두 권의 책이 아니었으면, 이 책은 아마도 세상에 태어나지 못했을 것입니다. 물론 저의 공부 방향은 다른 곳으로 흘러

가던지, 아니며 중도에서 끝마쳤을 것입니다.

늦었지만 돌아가신 어머니와 스님께 이 책을 바칩니다.

이 책의 구성은 1부와 2부로 나누었습니다.

1부는 졸고 『왕유王維 시詩의 자연自然 정취情趣와 선취禪趣 연구』에서 선취禪趣 부분을 골라낸 것으로, 부족한 부분은 채우고 불필요한 부분은 떼어낸 후 제주 불교 신문에 실었던 글입니다.

2부는 불교를 공부하면서 느낀 점과 불교 사상이 우리에게 무엇을 말하고 있는지 나름대로 생각해 본 것입니다.

특히 이 책을 쓰면서 여러 책을 뒤져가며 참고하는 과정에서 잘못 이해한 부분도 분명히 있을 것입니다. 또 함부로 다른 분의 글을 인용하기도 했습니다. 일일이 주석을 달아 출처를 밝혀야 함에도 그렇지 못했음을 깊이 사과드립니다. 또한 학문적으로 부족한 부분을 채워주고, 원고를 처음부터 끝까지 읽고 검토해 주신 조규백 교수의 우의友誼에 한없는 감사를 드립니다.

제가 처음 불교를 공부할 때 가장 어려움을 느낀 건 불교 용어였습니다. 주로 한자어로 이루어진 불교 용어는 매우 생소하고 철학적 사유가 담겨있는 어휘라 이해하기가 어려웠습니다. 이 책은 그 점을 고려하여 불교 용어를 한글로 풀어쓰도록 노력했습니다. 그리고 풀어 쓴 글에는 괄호를 넣어 한자와 한글음을 달아놓았습니다. 따라서 한자를 잘 모르는 사람도 이해할 수 있도록 했습니다.

그래도 잘 이해되지 않는 부분이 있을 것입니다. 그럴 때는 한 번 더 읽어보시기를 바랍니다.

예) 모든 현상과 사물(諸法제법). 원인과 결과(因果인과). 현상에 불과한 실체 없는 존재(諸法無我제법무아). 스스로 생겨난(自我자아). 변하지 않는 것(無常무상). 모두 실체가 아닌 허상(一切皆空일체개공). 깨달음의 세계(妙悟묘오). 사물과 내가 하나가 되어(物我一體물아일체). 향을 피워놓고(焚香분향). 등등

스님이 주신 책 제목

元照 박건주 역주,『능가사자기』, 운주사, 2001.

陳允吉 지음/一指 옮김,『중국문학과 선禪』, 민족사, 1992.

차례

책을 펴내면서　　04

제 1 부

1. 오직 열반의 진리(無生무생)를 배워
   깨달을 수밖에　　　　　　　　　20
2. 달 떠오르자 산 새들 놀랬는지　　25
3. 물가에 꽃향기 옷 속으로 스며든다　29
4. 훗날 여기에 올 사람 누구인가　　34
5. 물길 다하는 곳에 이르러　　　　39
6. 제법이 공임을 알게 되니 속박됨이 없구나　44
7. 세속에 묻힌 이 몸 오히려 공허할 뿐　49
8. 평생 불사를 따르며 여생을 보내리라　53
9. 세상일 바라보며 생멸의 번뇌를 잊는다　57

10. 선정에 잠긴 스님 생멸의 번뇌를 누른다   62

11. 밝은 달빛만 서로를 알고 찾아올 뿐   66

12. 꽃들만 어지러이 피고 또 진다   71

제 2 부

13. 깨달음의 과정에도 길을 잃고 헤매거늘   78

14. 마음이 텅 비니 무엇을 붙잡으리   85

15. 마음을 어찌해야 원숙함에 이를까   91

16. 탐심을 버리고 스스로 평온함을 찾으라   99

17. 진정한 수행이란 심성을 닦는 것　　106

18. 세상은 한낱 먼지 속에 있거늘　　114

19. 자기를 소중히 여기는 사람은
    결코 악을 가까이하지 않는다　　122

20. 고요히 방에 머무시니 봄 풀 무성하다　　130

21. 마음에 '절반의 게송(半偈반게)' 품으니
    온갖 인연 사라진다　　138

22. 솔 사이로 산사의 경쇠 소리 내려온다　　147

23. 떠도는 나그네의 마음에도
    불심佛心 비춰주시게　　155

24. 마음 열어놓고 속세의 번뇌 씻어낸다   164

25. 나는 아직도 속세의 미련을
    버리지 못했습니다   174

26. 절이란 예전부터 세상 밖 감동인걸   183

27. 대숲 깊은 곳에서 독경 소리 들려온다   193

28. 청정의 이치 깨닫는 것은
    일찍이 바르고 착함의 근원이 있기 때문   202

29. 잠에서 깰 무렵 들려오는 종소리   214

30. 아직은 세상에 드리운 빛 남아 있네   225

참고 문헌   233

중국 선시禪詩의 향기

제 1 부

중국 선시禪詩의 향기 1

오직 열반의 진리(無生무생)를 배워 깨달을 수밖에

   중국 당나라 시인 왕유王維(701~761)는 명성에 비해 널리 알려진 시인은 아니지만, 이백李白과 두보杜甫가 살던 시기에 함께 활동했던 중국 당나라 때 저명한 시인으로, 젊은 나이로 진사에 급제하여 일찍부터 벼슬을 지내기도 했습니다.
   그는 음악에도 조예가 깊어 비파연주의 명인이었으며, 그림에도 뛰어났습니다.
   송나라 시인 소동파蘇東坡는 "왕유의 시 속에는 그림

이 있고, 그림 속에는 시가 있다詩中有畵시중유화, 畵中有詩화중유시."라고 평했습니다.

그리고 명나라 화가 동기창董其昌은 왕유를 문인화의 시조, 즉 중국 남종화南宗畵의 시발점이라고 말하기도 하였습니다.

후인들은 선종禪宗의 지침서인 『유마경維摩經』의 주인공 마힐摩詰을 자신의 자字로 삼아, 심오한 선禪의 경계를 자연 정취 속으로 끌어들여 시적 언어로 표현한 왕유를 시불詩佛이라 불렀습니다.

오늘은 세속적 다툼에서 벗어나 자연에 묻혀 한적한 생활 속에 청정심淸淨心을 고양하고, 재가자在家者로서 붓다의 길을 따르고자 했던 왕유의 선취사상禪趣思想이 담겨있는 시 한 편을 살펴봄으로써 우리의 삶의 본질을 한번 생각해 보도록 하겠습니다.

가을밤 홀로 앉아

왕유

홀로 앉아 흰머리 늘어 감을 슬퍼하니
텅 빈 마루에 밤은 이경이 되어간다.
비는 내리고 산 과일 열매 떨어지는데
등잔불 밑에는 풀벌레가 울고 있다.
흰머리 검게 변하기는 어려운 일
쇠를 황금으로 만들 수도 없다.
생로병사의 고통 없애는 법 알고 싶다면
오직 무생의 이치를 배워 깨달을 수밖에

秋夜獨坐추야독좌

王維왕유

獨坐悲雙鬢독좌비쌍빈 空堂欲二更공당욕이경
雨中山果落우중산과락 燈下草蟲鳴등하초충명
白髮終難變백발종난변 黃金不可成황금불가성
欲知除老病욕지제노병 惟有學無生유유학무생

시인에게 자연은 자기 수양의 과정을 밟아가는 방편이었습니다. 시인은 자연에서 자아를 체득하고, 인식된 사실들을 시어詩語로 재현함으로써 갈등과 모순을 극복하고자 했습니다. 따라서 왕유의 자연시 중에는 인생의 무상함을 깨닫고 불가佛家에 심취하여 세상을 바라보는 불교적 경지를 담은 시들이 많습니다. 위에 시 또한 그러한 시중에 하나입니다.

비는 내리는데 산속에 과일은 저절로 떨어지고, 가을

풀벌레는 계절의 순환을 느끼는 듯 울고 있습니다. 왕유는 태어남과 죽음에 관한 생각으로 깊은 상념에 잠깁니다.

　우주공간의 모든 실체는 우리가 보고 느끼지 못하는 가운데 조금씩 변해 갑니다. 그러기에 변하지 않는 영원불변의 존재는 없는 것입니다. 이처럼 모든 것이 변해 가는 무상無常의 중심에서 시인은 생로병사의 고뇌를 고통스러워하는 것입니다. (2021. 1. 16.)

중국 선시禪詩의 향기 2

달 떠오르자 산 새들 놀랬는지

왕유는 모친이 독실한 불교 신자인 탓에 대체로 어린 시절부터 불교의 영향을 받고 불가에 깊이 심취하였습니다. 그러나 일정한 문중에 관심을 두지는 않았습니다. 북종北宗이 성행하자 자연스럽게 북종의 선승들과 왕래했고, 남종南宗 세력이 왕성해지자 남종의 선승들과 교류했을 뿐, 남·북 종을 구분하지 않았습니다. 왕유는 북종의 선사禪師인 정각淨覺의 비문碑文〈대당 대안국사 고 대덕정각선사 비명大唐大安國寺故大德淨覺禪師碑

銘〉을 썼으며, 신회神會의 부탁으로 남종의 시조始祖인 혜능慧能의 〈능선사비能禪師碑〉를 쓰기도 했습니다.

불가佛家에서는 사람들이 실체라고 생각하는 모든 것이 실체가 아니라고 주장합니다. 즉, 모든 현상과 사물(諸法제법)의 존재는 스스로 생겨나거나 영원히 존재하는 것이 아니라, 여러 조건이 얽히고설킨 원인과 결과(因果인과)로 생겨나고 사라지는 현상에 불과한 실체 없는 존재(諸法無我제법무아)라는 것입니다.

이러한 사상이 담겨있는 시 한 편을 감상하도록 하겠습니다.

새 우는 골짜기

왕유

사람 한적한데 계수 나무꽃 떨어지고
밤이 고요하니 봄 산이 적막하다.

달 떠오르자 산 새들 놀랬는지
간간이 봄 개울가에 새 소리 들린다.

鳥鳴磵조명간

王維왕유

人閒桂花落인한계화락 夜靜春山空야정춘산공
月出驚山鳥월출경산조 時鳴春澗中시명춘간중

　왕유가 만년에 자연에 심취하여 정신적 자유를 추구했던 사상은 대승불교의 선사상禪思想이었습니다.
　대승불교의 중심사상인 반야경전般若經典의 교의敎義는 '공空의 사상'입니다. 보이는 것이 모두 실체가 아닌 허상이라는 것이지요(一切皆空일체개공).
　그리고 인연에 의해서 생기는 모든 것은 변화하며 흘러간다고 하여 제행무상諸行無常이라 하는 것입니다. 즉

'스스로 생겨나(自我자아) 변화하지 않는(無常무상) 본질은 없다.' '존재하는 것은 인과관계因果關係에 의한 실존일 뿐 실체가 없다.' 이것이 '공空의 사상'이며 '연기緣起의 원리原理'인 것입니다.

이제 시인의 얘기를 풀어볼까요.

늦은 밤 인적이 끊어진 고요한 산속에는 불어오는 바람도 없습니다. 그런데 마치 인생무상을 말하듯 꽃잎이 나풀나풀 떨어집니다. 순간 시인은 삶이 무엇인지 깊은 명상에 잠기게 됩니다. 그때 밝은 달이 떠올라 산속의 적막을 깨웁니다. 갑자기 숲속이 훤해지자, 새들이 놀라 수런거리듯 간간이 울어댑니다. 실체가 아닌 허구에 놀라고 있는 것이지요.

왕유는 참선하는 마음으로 자연을 관조하여 다시 자신의 내면세계로 반조返照함으로써 자아 응시를 통한 선의 이치(禪理선리)를 깨닫고 있는 것입니다. (2021. 1. 18.)

중국 선시禪詩의 향기 3

물가에 꽃향기 옷 속으로 스며든다

왕유는 훌륭한 시를 짓기 위하여 먼저 마음을 닦아 모든 사념邪念을 버린 후 사물을 바라봅니다. 사물을 바라볼 때는 편견을 버려야 참된 진실(眞體진체)을 볼 수 있고 마음에 품은 형상(意象의상)을 얻을 수 있습니다. 이때 마음(情정)을 사물(象상)에 실으면 뜻에 이르게 되고(境경), 사물에서 일어나는 끊임없는 연상聯想이 시인의 정취와 하나가 되어, '나와 사물을 모두 잃은 무아無我'에 이르게 됩니다. 이런 경지를 불가에서는 깨달음의 세계

(妙悟묘오)라 한다면, 왕유는 자연 풍광을 선의 이치와 의미 속으로 끌어들여 그림 위에 색칠하듯, 그려냄으로써 자신의 시 속에 깨달음의 세계를 넓혀갔습니다. 따라서 왕유의 시 속에는 자연과 선취禪趣가 하나로 어우러진 오묘奧妙한 경계境界를 느낄 수 있는 깊은 의미가 담겨있습니다.

오늘도 왕유의 시 한 편을 감상해 보도록 하겠습니다.

남전산 석문 정사

왕유

저물녘 산천이 너무 아름다워
배 띄워놓고 바람에 맡겨둔다.
기묘한 풍경 길 먼 줄 모르겠고
기왕 가는 길 물 다하는 곳까지 가본다.

구름 멀리 우뚝 솟은 나무 쳐다보다가
처음엔 길 잘못 들었나 했는데
어찌 알았겠는가, 맑은 개울 굽이돌아
우연인 듯 앞산 언저리로 통하는 것을
배에서 내려 가볍게 지팡이 짚고
정말로 마음에 든 곳에 다다르고 보니
노승 네다섯이
솔 그늘에서 한가롭게 노닐고 있다.
새벽 염불 그윽했던 숲은 날 밝지 않은 듯
밤 참선 기운 남아 산 더욱 고요하다.
불심이 목동의 마음에도 이르고 보니
세상일이야 나무꾼에게나 물어볼 뿐
날이 저물어 큰 나무숲에 묵으며
향불 피워 놓고 돗자리 깔고 누웠더니
물가에 꽃향기 옷 속으로 스며들고
산 위에 뜬 달이 석벽을 가만히 비춘다.

藍田山石門精舍 남전산 석문정사

王維 왕유

落日山水好 낙일산수호　漾舟信歸風 양주신귀풍
玩寄不覺遠 완기불각원　因以緣源窮 인이연원궁
遙愛雲木秀 요애운목수　初疑路不同 초의로부동
安知清流轉 안지청류전　偶興前山通 우흥전산통
捨舟理輕策 사주리경책　果然愜所適 과연협소적
老僧四五人 노승사오인　逍遙蔭松栢 소요음송백
朝梵林未曙 조범림미서　夜禪山更寂 야선산갱적
道心及牧童 도심급목동　世事問樵客 세사문초객
暝宿長林下 명숙장림하　焚香臥瑤席 분향와요석
澗芳襲人衣 간방습인의　山月映石壁 산월영석벽

시인은 산수 자연의 아름다운 풍광을 선취禪趣가 일어나는 분위기로 만들어, 시적 언어로 묘사해 냄으로써 선정禪定의 경계에 머무르고 있습니다.

'새벽 염불이 그윽했던 숲속 고요한 곳은 아직도 날이 밝지 않은 듯 참선 기운이 남아있고', '물가에 꽃향기가 사람의 옷 속으로 스며들고, 산 위에 뜬 달은 석벽을 그윽하게 비추는' 자연의 포근함. 시인은 불가의 이치理致에 심취하여, 사물과 내가 하나가 되어(物我一體 물아일체), 애써 노력하지 않아도 저절로 없음이 없는 선禪의 경계를 즐기고 있는 것입니다. (2021. 1. 19.)

중국 선시禪詩의 향기 4

훗날 여기에 올 사람 누구인가

왕유는 현실에 대한 불만을 운명이라 생각하며 자연에 몰두함으로써 세상일을 잊으려 했습니다. 이때부터 왕유의 시풍詩風은 그윽하고 고요하며(幽靜유정), 속세를 떠나 한가하고 편안한(閑逸한일) 깊은 흥취(情趣정취)를 드러내기 시작합니다. 이러한 시풍의 변화는 사회에 대한 비판과 좌절이 원인이 될 수도 있었겠지만, 선학禪學의 영향이 더 크다고 할 수 있습니다.

선종이 한창 발흥하던 당唐나라 시대에는 심오하고 미묘한 대승불교의 '돈오頓悟'사상이 사대부 문인들의 관심 대상이었습니다. 그들은 철학의 이치와 예술의 정취가 풍부한 선종을 가까이하면서 선의 고아한 풍취를 시속에 담아놓음으로써 시의 품격을 높이려고 했던 것입니다. 이러한 선 사상이 시인들의 작품 속에 나타나게 되면서 시적 깨달음이라는 묘오妙悟가 생겨나고, 선禪은 고대 중국 시 발전에 중요한 역할을 하는 한 부분으로 자리를 잡게 됩니다. 그러나 왕유는 종교적 이치만을 담아내는 딱딱함에 치우치지 않았습니다. 일상에 마주치는 자연의 순환과 아름다운 풍광을 선의 경계로 끌어내어 삶의 방편으로 그려놓았습니다.

시 한 편을 감상해 보도록 하겠습니다.

맹성의 꺼진 터

왕유

새집을 맹성 초입에 마련하고 보니
오래된 나무숲엔 늙은 버들만 남아있다
훗날 여기에 다시 올 사람은 누구일까
공연히 이곳에 살았던 옛사람이 슬퍼진다

孟城坳_{맹성요}

王維_{왕유}

新家孟城口_{신가맹성구} 古木餘衰柳_{고목여쇠류}
來者復爲誰_{래자부위수} 空悲昔人有_{공비석인유}

왕유는 중년에 지금의 산시성(陝西省섬서성)인 남전현藍田縣 산림에 별장(輞川莊망천장)을 매입하여 은둔 반 벼슬 반의 생활을 이어갔습니다. 산수에 살면서 마음을 불가에 두고 예불과 행을 닦는 동시에 세속생활도 한 것입니다.

시인은 혼잣말로 중얼거립니다.

"현재의 내가 과거의 사람을 생각하고 있다면 미래의 누군가가 현재의 나를 생각하겠지."

세상은 끊임없이 되풀이되며 변화하고 있습니다. 시인은 스무 글자에 불과한 짧은 절구 속에 인생의 무상無常을 전부 드러내고 있습니다. 일체가 무상하여(諸行無常제행무상), 생겨났다 사라지는 생멸(是生滅法시생멸법)이 반복되는 세계의 현상을 시인은 공연히 슬퍼하고 있는 것입니다.

『구당서舊唐書』에는,

"왕유는 만년에 계율을 지켜서 무늬가 있는 비단옷을 입지 않았다. 불전에 향을 피워 놓고(焚香) 홀로 앉아(獨坐) 참선參禪하는 것을 일로 삼았다"라고 시인의 흔적을 남겨놓고 있습니다. (2021. 1. 2.)

중국 선시禪詩의 향기 5

물길 다하는 곳에 이르러

　예술 활동에 있어서 작품 성향은 작가의 생활방식과 사유 방식에 영향을 받습니다.

　왕유王維(701~761)의 시 속에 일종의 세속을 초탈하는 풍격과 선의 정취가 깊게 나타나고 있는 것은, 왕유가 이미 불교의 이치를 깨닫고 있으며 불가의 생활방식이 일상화되었음을 의미합니다. 따라서 시인의 시에는 심경이 맑고 깨끗함(沖澹충담)이 드러나고 있으며, 작품의 대상인 자연 역시 산뜻하면서도 아련한 느낌을 줍니다.

특히 시 속에 함축된 의미를 남겨 사물을 통해 뜻을 유추하게 함으로써, '언어 이면의 의미(言外之意언외지의)'와 '형상 밖의 세계(象外之象상외지상)'인, 초연 탈속한 깨달음(妙悟묘오)의 경계에 이르고 있습니다. 이는 사물에 집착하지 않는 왕유의 성품이 그의 미의식美意識과 융합되어 노련한 격조로 드러남으로써 욕심 없는 맑고 깨끗한 시인의 성정이 정교하게 묘사되고 있는 것입니다.

오늘은 한가롭고 고요한 심정(閑靜逸致한정일치)과 풍광이 함께 어울려있는 선취가 일어나는 시 한 편을 살펴보겠습니다.

종남산 별장

왕유

중년에 들어서 불도가 좋아지더니

만년에는 종남산 기슭에 집 마련했지
흥취가 일 때마다 홀로 길을 나서는데
즐거운 마음 그저 나 혼자 느낄 뿐
마냥 걷다 물길 다하는 곳에 이르러선
앉아서 구름 이는 것을 보기도 하는데
어쩌다 숲속 노인이라도 만나면
더불어 얘기하느라 돌아갈 줄 모른다.

終南別業 종남별업

　　　　　　王維 왕유

中歲頗好道 중세파호도　晚家南山陲 만가남산수
興來每獨往 흥래매독왕　勝事空自知 승사공자지
行到水窮處 행도수궁처　坐看雲起時 좌간운기시
偶然值林叟 우연치림수　談笑無還期 담소무환기

시인은 남들이 알아보지 못하는 자연의 오묘함을 선의 이치(禪理선리)에 담아 자신의 심경을 에둘러 나타내고 있습니다.

만물의 변화 현상은 자연의 순리에 따라 생겨나고, 모든 실체는 생멸의 순환으로 존재합니다. 따라서 불변의 존재는 없다(諸行無常제행무상)고 하는 선리禪理의 사유思惟인 생멸의 현상이 시간상에 일어나는 것이라면, 그 변화하는 인간의 행위와 현상은 공간상에서 이루어지는 것입니다.

시인은 셋째와 넷째 구句에서 시간상에 일어나는 변화를 공간상의 마음이 작용하는 '나'와 교묘하게 어우러지게 함으로써, 구체적인 사실 세계를 떠난 다른 세계가 두 구句 안에서 한 폭의 동양화로 존재하는 느낌을 주고 있습니다.

왕유는 장자莊子처럼 자연을 통하여 깨달음(道도)에 이르고자 하는 것이 아니라, 구체적인 사실 세계를 떠나

다른 세계로 그저 '물 따라 끝 간 곳에 이르러, 구름이 피어나는 모습을 바라보는' 이상향理想鄕으로 자연의 한적함을 추구하였습니다. (2021. 1. 23.)

중국 선시禪詩의 향기 6

제법이 공임을 알게 되니 속박됨이 없구나

　왕유에게 자연은 마음 바깥에 있는 물적 대상(物象물상)인 동시에, 자신의 마음속에 일어나는 기이하고 오묘한 변화물로, 자신의 선적禪的인 허전함(空虛感공허감)과 기대했던 환상이 깨지는 허탈감(幻滅感환멸감)에서 벗어나기 위한(解脫해탈), 의지인 동시에 내심의 감정을 투사하는 대상이었습니다.
　은일 정취 속에 선의 한가로움을 드러내는 왕유의 시들을 보면, 모든 집착을 털어내어 청정한 마음으로 자연에 은거하여 한가롭게 살아가고 싶어 하는 심정이 뚜렷하게 나타납니다.

왕유는 남과 타협할 줄 모르는 강직한 성품인데다, 남들과 다투려 하지도 않는 고매한 품성을 지니고 있었습니다. 시인은 어쩔 수 없이 벼슬살이를 위해 세상 밖으로 나가지만 이내 실망을 하여 다시 자연으로 돌아올 수밖에 없었습니다. 그가 불교에 심취하여 고요히 명상을 즐기고 자연에서 청정한 마음으로 살고자 했던 것도 같은 맥락에서 설명할 수 있습니다. 그래서 시인은 지금까지 벼슬에 집착하며 살아온 것을 후회합니다.

오늘은 중년 이후 시인의 마음을 한번 느껴보도록 하겠습니다.

선 스님을 뵈오며

왕유

젊은 시절은 할 말이 별로 없고
불도를 알고 나니 이미 나이가 들었다
지나간 날 후회한들 어찌할 수 없는 일
남은 생을 수양할 수 있으니 다행이다
맹세코 육식을 끊고 불도를 따르며
다시는 세속 그물에 얽매이지 않으리라
헛된 이름 벼슬살이에 매달렸으나
제법이 공임을 알게 되어 속박됨이 없다
일찍이 큰 스님을 받들어 왔으니
향을 피워 이처럼 우러러 뵈옵는다.
스님은 오로지 마음을 불법에 두고
무생의 이치를 따르라고 장려할 뿐

謁璿上人 알선상인

王維 왕유

少年不足言 소년부족언　識道年已長 식도년이장
事往安可悔 사왕안가회　餘生幸能養 여생행능양
誓從斷葷血 서종단훈혈　不復嬰世網 불부영세망
浮名寄纓珮 부명기영패　空性無羈鞅 공성무기앙
夙丞大道師 숙승대도사　焚香此瞻仰 분향차첨앙
一心在法要 일심재법요　願以無生獎 원이무생장

(*시 내용의 일부를 삭제하였음)

　시인은 "헛된 이름 벼슬살이에 몸을 맡겨야 했다."라고 말하며 벼슬 생활에서 받은 심적 고통과 어쩔 수 없는 벼슬살이로 인해 은둔 반 벼슬 반의 생활 태도에 대한 회의감을 드러내고 있습니다. 그러나 시인은 불법佛法의 이치를 깨닫게 되자 모두가 허망한 것임을 알게 됩니다.

　산수 자연시 초기 시인들이 자연을 번뇌와 고통을

위로받는 수단으로 삼아 자연에서 즐거움을 찾으려 했다면, 왕유는 번뇌를 자신의 일부로 받아들여 자연에 심취함으로써 번뇌와 자연이 함께 어울리는 선의 경계에 이르려고 했습니다. (2021. 1. 24.)

중국 선시禪詩의 향기 7

세속에 묻힌 이 몸 오히려 공허할 뿐

　구당서舊唐書·왕유전王維傳』에는 왕유의 생활에 대하여, "장안(京師경사)에서 매일 십여 명의 스님들에게 음식을 대접하며 귀한 담소로 즐거움을 삼았다. 방안에는 아무것도 없고, 다만 찻잔과 약탕기, 그리고 경전을 놓는 책상과 새끼줄로 엮은 의자뿐이었다."
　"대궐에서 물러나 온 후(退闕퇴궐)에는 향을 피우고 홀로 앉아 참선과 염불로 일을 삼았다."라고 기록되어 있습니다.

시인은 만년에도 여전히 관직에 머물러 있었지만, 생활은 거의 불교에 심취하여 향을 사르고 계율을 지키며(焚香長齋분향장재) 자연의 청정함에 몸을 맡겨 불경을 독송하며 명상에 잠기곤 했습니다.

한 편의 시를 감상하면서 시인의 생활을 상상해 보도록 하겠습니다.

복부산 스님께 음식을 대접하며

왕유

늘그막에 청정의 이치를 알게 되어
나날이 사람들과 소원하게 되었지만
멀리 산에서 내려오실 스님 기다리며
우선 누추한 오두막을 청소한다
과연 구름 속 산봉우리 따라

풀숲 우거진 곳으로 나를 찾아주시어
거친 풀 깔고 앉아 송화를 먹으며
향을 사르고 불경을 살펴본다.
등에 불 밝히니 한낮이 끝나려 하고
경쇠 소리 울리니 밤은 이제 초경이다
적멸의 즐거움 깨달을 수 있다면
세상 사는 일 한가로움 넘칠 것을
돌아감을 생각한들 무엇이 깊다 하리
몸도 세상도 모두 공허한 것을

飯覆釜山僧 반복부산승

王維 왕유

晚知淸淨理 만지청정리　日與人群疏 일여인군소
將候遠山僧 장후원산승　先期掃敝廬 선기소폐려
果從雲峯裏 과종운봉리　顧我蓬蒿居 고아봉호거
藉草飯松屑 자초반송설　焚香看道書 분향간도서

燃燈晝欲盡연등주욕진 鳴磬夜方初명경야방초
一悟寂爲樂일오적위악 此生閒有餘차생한유여
思歸何必深사귀하필심 身世猶空虛신세유공허

   자연으로 돌아가 세상과 인연을 끊고 살아야 할 것인가, 아니면 이대로 벼슬을 하면서 수행修行하는 자세로 살아갈 것인가.

   시인은 마지막 연에서 벼슬살이에 대한 갈등을 에둘러 말하고 있습니다. 하지만 우리의 삶이 모두 공허한 것인데 벼슬을 버리고 자연으로 돌아가면 어떻고, 돌아가지 않으면 어떠한가, 시인은 인신人身의 허망함을 말하면서 삶 속에 진작 중요한 것은, 어디에 있느냐보다 어떻게 사느냐가 더 중요하다고 말합니다.

   우리는 왕유王維의 시詩를 통해 시인의 세계관은 물론이고, 시인 자신의 독특한 관념으로 만들어내는 선적 경지를 느낄 수가 있습니다. (2021. 1. 26.)

중국 선시禪詩의 향기 8

평생 불사를 따르며 여생을 보내리라

왕유는 승려가 되지 않은 거사居士,《유마경維摩經》의 주인공 유마힐維摩詰을 자신의 자字로 삼음으로써 그 자신은 선과 문학을 통해 유마維摩의 길을 걷고자 했던 불교 체험자였습니다.

시인은 젊은 한때 숭산嵩山에 은거하여 도교사상에 심취하기도 했으나, 모친과 도광선사道光禪師의 영향을 받아 불법에 정진하였습니다. 만년에는 망천輞川에 은거하여 세상과의 인연을 멀리했으며, 불교의 이치(佛理불리)

와 계율을 자신의 생활 속으로 끌어들여 마음을 비우고 사물에 얽매이지 않는 맑고 깨끗한(淸淨청정) 삶을 누리고자 했습니다.

 그의 이러한 심정이 담겨있는 시 한 편을 살펴보도록 하겠습니다.

도일 선사의 난야에서 묵으며

왕유

스님 머무시는 태백산 도량에는
산머리에 구름안개 피어오르고
맑은 기운 골짜기마다 흘러내리고
꽃비는 한 봉우리로만 떨어진다.
스님은 흔적을 감춰 삼매에 드시니
명성은 가르침으로 전해지셨다.
새들은 벌써부터 불법을 들으려 찾아오고

객이 가고 나면 다시 선정에 잠기신다.
낮에는 소나무 길 다 하도록 걸으시고
저녁이 되면 산사에 돌아와 머무시는데
선방은 그윽한 대숲 깊은 곳에 있어
고요한 밤이면 멀리 물소리 들려온다.
지난날 스님은 구름 노을에 계셨는데
지금 나는 스님의 잠자리 앞에 서 있다.
어찌 잠시만 스님 곁에 머물러 있으리
평생 불사를 따르며 여생을 보내리라.

投道一師蘭若宿 투도일사난야숙

王維 왕유

一公樓太白 일공루태백　高頂出雲烟 고정출운연
梵流諸壑遍 범류제학편　花雨一峰偏 화우일봉편
迹爲無心隱 적위무심은　名因立敎傳 명인입교전
鳥來還語法 조래환어법　客去更安禪 객거갱안선

晝涉松路盡주섭송로진 暮投蘭若邊모투난야변
洞房隱深竹동방은심죽 淸夜聞遙泉청야문요천
向是雲霞裏향시운하리 今成枕席前금성침석전
豈惟留暫宿개유류잠숙 服事將窮年복사장궁년

시인은 선어禪語를 사용하여 도일선사道一禪師의 훌륭한 불성을 높이 흠모하고 칭송하면서, 산사의 고요하고 그윽한 정취(幽靜유정)에 흠뻑 빠져듭니다.

"지난날은 속세를 떠난 스님을 멀리서 바라보기만 했는데, 지금은 스님의 곁에 있으니 얼마나 행복한가."

속세의 미련을 훌훌 털어버린 시인은 말합니다.

"어찌 잠시 머물기만 하겠는가, 평생 나도 불법을 섬기며 이와 같이 살고 싶다."라고 속마음을 털어놓음으로써 자신의 진솔한 심경을 드러내고 있는 것입니다.
(2021. 1. 27.)

*난야蘭若는 고요한 곳이라는 뜻으로 절을 말합니다.

중국 선시禪詩의 향기 9

세상일 바라보며 생멸의 번뇌를 잊는다

  왕유에게 자연은 선취禪趣를 일으키게 하는 대상으로, 번뇌를 씻어주고 근심을 해소하는 정신적 위안처였습니다.

  시인은 이백李白처럼 낭만적이지도 못했고, 두보杜甫처럼 인간 사회의 모순을 아파하지도 못했습니다. 시인은 자연과 인간을 하나로 융화시켜 사물의 참모습을 들여다 봄으로써, 자기 응시를 통한(返照반조) 인간의 고뇌를 되돌아보게 되는 내적內的 경험으로 승화시키고 있습니다. 따라서 왕유에게 자연은 삶의 안식처이자, 마음의 평온을 얻을 수 있는 맑고 고요한(清靜閑逸청정한일) 선禪 수행의 공간이었습니다.

왕유는 나이 30세에 아내를 잃게 됩니다. 아내의 죽음은 시인으로 하여금 사상적 변화를 일으키게 합니다.

삶에 대한 깊은 회의와 허무감, 인간존재에 대한 깊은 사고는 왕유의 초기 도가사상을 불가佛家로 전환 시키는 계기가 되었습니다. 오로지 불도佛道에 심취하여 세상의 인연을 멀리함으로써 마음의 번뇌가 없는 한가롭고 고요한(閑靜한정) 삶을 추구했던 것입니다.

이번에는 젊은 시절 지방 출장을 마치고 돌아가는 길에 잠시 들렀던 변각사辨覺寺의 풍경과 그 느낌을 보도록 하겠습니다.

변각사에 올라

왕유

대숲 우거진 길 절 입구로 이어지더니
연화봉에 문득 불사의 전당이 나타난다.
창문으로 초나라 땅 훤히 바라보이고
숲 너머로 구강이 한가롭게 흘러간다.
부드러운 풀밭에 가부좌 틀고 앉으니
울창한 솔 사이로 들려오는 독경 소리
스님은 구름 밖 법계에 홀로 머물며
세상일 바라보며 생멸의 번뇌 잊는다.

登辨覺寺등변각사

王維왕유

竹徑連初地죽경연초지　蓮峰出化城연봉출화성

窓中三楚盡창중삼초진　林上九江平임상구강평
軟草承趺坐연초승부좌　長松響梵聲장송향범성
空居法雲外공거법운외　觀世得無生관세득무생

　시인은 대나무 숲길을 따라 절을 향하여 걸어갑니다. 대나무 숲을 벗어나니 소나무 우거진 산등성이 사이로 그윽한 불사佛寺가 나타납니다. 그리고 잠시 산 아래를 바라보니 멀리 초나라 땅이 보이는 숲 너머로 강물이 머무는 듯 흘러갑니다. 그때 어디선가 독경 소리가 들려옵니다.

　생멸의 번뇌를 잊었다는 것은, 현실 생활의 헛된 욕심을 버렸다는 뜻입니다.

　인연에 의해 생겨나는 모든 것은 변화하며 흘러갈 뿐 영원하지 않습니다(諸行無常제행무상). 생기고 없어짐도 본래 없으니(諸法無我제법무아), 생로병사의 고뇌 역시 모두 참(實體실체)이 아닌데도 어리석은 자는 죽고 사는 일(生滅생멸)에 매달립니다.

부처는 보이는 현상이 참이 아님을 깨닫고(無生무생), 헛된 망상에서 벗어나 열반涅槃에 이르라고 합니다. 열반의 진리는 생멸生滅이 본래 없으니 무생無生이라 합니다. 왕유는 무생의 이치를 깨달음으로써 삶의 근본인 고통에서 벗어나려고 애를 쓰고 있습니다. (2021. 1. 31.)

중국 선시禪詩의 향기 10

선정에 잠긴 스님 생멸의 번뇌를 누른다

    왕유는 일찍이 불교에 심취하여 그 시대의 다른 문인들에 비해 선의 이치禪理에 대한 이해가 깊었습니다.
    대승불교는 원래 사람의 마음을 논의하는 종교로, 번뇌 속에서 깨달음을 열어가는 인간의 마음을 다스리는 종교입니다. 특히 남종은 모든 사물의 현상은 마음에 의해 생겨나고 사라지는 것으로(一切唯心造일체유심조),
    "본래의 성품(自性자성)이 생각을 일으켜 비록 보고 듣고 느끼고 알지라도 만 가지 변화(境경)에 물들지 아니

하고 항상 자재自在한다"라고 『육조단경六祖壇經』은 말하고 있습니다.

생각을 끊어 마음을 비움으로써 편안한 상태에 이르게 되는 경지(無念心空무념심공의 境界경계)를 추구하는 선종禪宗 사상은 왕유의 시 여러 곳에서 표현됩니다. 선종禪宗의 인생철학과 사유 방식을 받아들여 불교의 이치와 선취를 시속으로 끌어들인 시인 왕유가 선에 기울인 관심은 진지함 그 자체였습니다. 불교를 통하여 그가 얻은 자유는 사회적 속박에서 벗어난 고독이었습니다. 그 고독은 자연과 함께하는 고독이었기에 공허하지만 허무하지 않았으며 적적하지만 외롭지 않았습니다.

시 한 편을 감상해 보도록 하겠습니다.

향적사 가는 길

왕유

향적사 어디인지 알지도 못한 채
몇 리를 걸어 구름 속 봉우리로 든다
고목이 우거져 오솔길도 없는데
깊은 산속 어디선가 들려오는 종소리
골짜기 흐르는 물 바위틈에 흐느끼고
숲속의 맑은 햇살 푸른 솔에 차갑다
저물녘 고요한 연못 굽이진 곳
선정에 잠긴 스님 번뇌를 누른다.

過香積寺과향적사

王維왕유

不知香積寺부지향적사　數里入雲峰수리입운봉

古木無人徑고목무인경　　深山何處鍾심산하처종
泉聲咽危石천성인위석　　日色冷靑松일색냉청송
薄暮空潭曲박모공담곡　　安禪制毒龍안선제독룡

　산봉우리에 구름이 자욱한 고목 우거진 깊은 산속, 들려오는 종소리와 흐느끼는 물소리가 어울려 산의 적막을 열고 있습니다.

　푸른 솔잎 사이로 언뜻언뜻 비추는 햇살이 차갑게 느껴지며 마음이 저절로 적멸의 세계로 빠져듭니다.

　저물녘 햇살이 비스듬히 숨어드는 산허리 굽이진 곳, 산사의 고요한 자연과 마주하여 세상을 잊고 삼매에 드신 스님의 모습에서는 맑은 기운이 저절로 드러납니다. 시인은 스님을 바라보며 자신이 꿈꾸는 세계를 한 폭의 그림을 그리듯 시詩 속에 그려놓습니다.

　왕유의 시속에 담긴 선취는 시인의 생활철학인 동시에 일상에서 얻은 느낌을 자연에 결합하여 시적 언어로 표현된 선적 경계로 드러나고 있는 것입니다. (2021. 2. 1.)

중국 선시禪詩의 향기 11

밝은 달빛만 서로를 알고 찾아올 뿐

　왕유는 불도에 심취하여 세상 인연을 멀리하고, 고요한 자연에서 한가롭게 살면서 마음의 번뇌를 끊어내는 삶을 추구했습니다. 따라서 시인에게 자연은 심신의 한적을 즐기면서 마음의 근심을 털어내고, 세상의 갈등을 해소하는 정신적 안식처였던 것입니다.
　대승불교의 사상은 세상 만물 모두가 내 마음의 변화 물이며 내 마음이 없다면 온갖 세상사는 존재하지 않는다는 주관主觀 유심주의唯心主義 사상입니다. 즉 눈에 보이는 모든 현상은 실체가 아닌 내 마음의 변화라는 것이지요.

현상이 실체가 아니라는(一切法空일체법공) 인식은 사물의 진실을 여실히 본 '깨달음의 인식'이며, 실체가 아닌데도 실체라고 하는 인식의 입장을 철저히 부정하는 불가佛家 사상입니다.

"모든 실체가 변화하지 않는 본질(自我자아)이라면, 생겨나고 사라짐(生滅생멸)은 존재하지 않는다"라는 용수龍樹의 중관中觀 사상은 《반야경般若經》에서 설해진 공성空性 사상으로, 존재하는 모든 사물은 인연으로 생겨날 뿐(緣起연기), 변화하지 않는 실체(自我)는 존재하지 않는다는, 불타佛陀의 사상을 대승적 논리로 전개 시킨 것입니다.

일체가 공空이라면 인간은 확실히 자유롭습니다. 그러나 그 자유를 어떻게 사용하는가는 스스로 해결하지 않으면 안 됩니다. 이러한 대승사상은 시인으로 하여금 현실에서 일어나는 일들을 포기하게 하고, 체념하게 하여, 세상과 경쟁하지 않음으로써, 마음의 안정과 위로를 받고 고민에서 벗어나 심신의 자유롭고 평온한 경지에 이르게 하였습니다.

오늘도 시를 통해 시인의 마음을 한번 들여다보도록 하겠습니다.

대나무 숲 별채에 묵으며

왕유

홀로 그윽한 대숲 속에 앉아
거문고를 타다 휘파람 길게 불어본다
깊은 숲속이라 사람들은 알 수가 없고
밝은 달빛만 찾아와 비춰준다.

竹里館죽리관

王維왕유

獨坐幽篁裡독좌유황리　彈琴復長嘯탄금부장소
深林人不知심림인부지　明月來相照명월래상조

  어둠이 고요히 깊어 가는 밤, 세상과 멀리 떨어진 대숲 깊은 곳, 시인은 홀로 거문고를 연주하다 문득 빈 하늘을 향해 휘파람을 길게 불어봅니다. 들어주는 사람 하나 없는 고독한 숲속, 시인은 자연의 그윽한 정취와 한 몸이 되어 무념의 세계로 빠져듭니다. 세상의 모든 번뇌와 집착에서 벗어나 진정한 자유를 즐기고 있는 것입니다.

  오로지 "달빛만이 나와 마음을 주고받을 수 있을 뿐, 누구도 나의 마음을 알 수 없다."라고, 시인은 단정 지음으로써 객관 사물을 자신의 주관의식 속으로 끌어들여 사물의 객관적가치를 부정하고 있습니다.

이처럼 시인은 선의 심오한 철학적 이치(哲理철리)를 단출하면서도 담백한 자연시 속에 담아냄으로써, 그의 시속에 들어 있는 선禪의 정취는 독자로 하여금 언어 밖의 여운을 느끼게 하고 있습니다. (2021. 2. 7.)

중국 선시禪詩의 향기 12

꽃들만 어지러이 피고 또 진다

왕유는 선종禪宗의 신도이자 자연 시인으로 선종 사상과 예술을 하나로 결합해 놓음으로써, 그의 자연시 속에는 은일의 정취와 선의 한가로움이 어우러져 있습니다. 시인은 자연에 은거하여 모든 집착을 털어버리고, 세상의 참모습을 비추어 봄(觀照관조)으로써, 맑고 깨끗한(淸靜청정) 마음으로 한가롭게 살려고 했습니다.

선종은 마음을 비워(無念무념) 모든 집착을 버림으로써 (無相무상) 어디에도 머물지 않는(無住무주) 편안한 마음의

상태(心空심공)에 도달하기를 추구하는 종교로,

"본래의 마음을 앎(識心見性식심견성)이 곧 해탈하여 성불成佛에 이르는 것이다. 이는 반야삼매般若三昧를 깨우치는 것으로 무념無念이다."라고 『육조단경六祖壇經』이 말을 하듯, 선종은 현세에서 내심의 자아 해탈을 추구하였습니다.

다시 말해 일상생활에서 깨우침의 계시啓示를 얻어, 대자연에 머무르며 감상과 도야 속에서 초월적 깨달음을 얻는데 주의를 기울였던 것입니다. 이러한 선 사상에 심취한 시인은 자연에서 자아自我를 체험하면서 점차 자연과 하나가 되어, 잡념과 번뇌에서 벗어나(空靈공령), 나와 자연이 구별되지 않는 한가로운 마음으로 속세를 떠나 편안함에 이르는(閑情逸致한정일치) 삶을 추구했던 것입니다.

이제 무생無生의 이치를 깨달은 시인의 시 한 편을 보도록 하겠습니다.

목련꽃 피는 언덕

왕유

가지 끝에 맺힌 연꽃 같은 목련화
산속에서 꽃봉오리 붉게 피어난다
개울 오두막엔 사람 없어 고요한데
꽃들만 어지러이 피고 또 진다

辛夷塢신이오

王維왕유

木末芙蓉花목말부용화 山中發紅萼산중발홍악
澗戶寂無人간호적무인 紛紛開且落분분개일락

공허하게 피었다가 이내 흩어지는 목련화, 산의 적막을 느낄 수 있는 이 한 편의 시에서,

우리는 어지러운 인간사를 피해 제행무상諸行無常의 공허를 관조하고 있는 시인의 모습을 느낄 수가 있습니다.

적멸寂滅의 무념無念을 추구하는 시인은 표면적으로 꽃이 피고 지는 자연현상을 그리고 있지만, 그 내실은 불교 사상의 심원한 이치를 예술 수법을 이용하여 생멸의 공허함을 묘사하고 있는 것입니다. 시인은 마음을 불교에 두고 산수 풍광을 감상하면서 깨달음에 다가갔던 것입니다.

왕유의 나이 육십을 갓 넘긴 761년 7월의 어느 날, 자신의 문학을 원숙한 불교 체험으로 이행시킨 시인 왕유는 붓을 찾아 동생 진縉과 오랜 친구들에게 작별의 서신을 쓰기 시작합니다. 모두 부처를 받들어 마음을 닦는 데(奉佛修心봉불수심) 힘쓸 것을 권하는 내용의 글이었습니다. 글쓰기를 마치고 시인은 조용히 눈을 감았습니다.

시인은 말합니다.

"일생의 수많은 마음 상하게 하는 일, 불심이 아니면 무엇으로 달랠 것인가(一生幾許傷心事일생기허상심사, 不向空門何處銷불향공문하처소)."(2021. 2. 15.)

중국 선시禪詩의 향기

제 2 부

중국 선시禪詩의 향기 13

깨달음의 과정에도 길을 잃고 헤매거늘

생명이 과거로부터 왔다면, 그 과거가 언제부터 시작되었는지는 아무도 알지 못합니다.

『열반경涅槃經』권 14, 「성행품聖行品」에 보면,

"일찍이 석가모니는 과거세(宿世숙세)에 설산雪山에서 불도佛道를 수행하던 중 나찰羅刹을 만나 절반의 게송을 얻기 위해 벼랑에서 몸을 던졌다."라고 했습니다. 끝없이 이어지는 생生·로老·병病·사死의 고뇌, 그 고뇌를 끊어내기 위하여 석가모니도 끝없는 고행의 길을 걸었던 것입니다.

우리와 마찬가지로 죽음에 대한 고뇌가 깊었던 붓다께서 깨달음을 얻으시자,

"불사不死의 문은 열렸다. 귀 있는 자는 들어라."
"제법諸法의 상常·무상無常에 관계없이 생生·로老·병病·사死의 고苦는 실재하므로 나는 그 제압을 설한다."
라고 죽음의 고뇌를 말씀하셨습니다.

육체의 불사不死가 아닌 정신의 불사不死를, 공간(제법무아諸法無我)과 시간상(제행무상諸行無常)에 일어나는 일체 현상이 실체가 아님을 명확하게 이해함으로써, 윤회라는 고苦를 열반적정涅槃寂靜이라는 해탈을 통하여 해결하려 했던 것입니다.

아마도 불자佛者라면 사성제四聖諦를 모르는 사람은 없을 것입니다. '고苦·집集·멸滅·도道', 그렇습니다. 인생의 고뇌인 '생生·로老·병病·사死'에서 죽음은 모든 고苦의 중심에 있습니다. 끝없는 고苦의 윤회輪廻, 석가는 인도

바라문교의 사상인 윤회라는 업業을 벗기 위하여 열반 涅槃을 말하고, 그 중심축에 사성제四聖諦와 팔정도八正道 라는 실천철학을 제시합니다.

 석가모니 말씀에 대하여서는 이후 시간이 나는 대로 하나하나 풀어가기로 하고, 오늘은 인도의 재가불자在家佛者인 『유마경維摩經』의 주인공 마힐摩詰을 자신의 자字로 삼고 있는 중국 당나라 때 시인, 시불詩佛 왕유王維의 시를 감상하면서 그가 인생의 고뇌를 어떻게 보고, 또 어떻게 풀어가는지 살펴보도록 하겠습니다.

병이든 호거사에게 이 시를 보내며
여러 학인에게도 보이다

왕유

일순간 하찮은 망념에 쫓기다가

아침이슬처럼 홀연히 사라지는 육신
이와 같은 생각으로 현상의 실체를 본다면
내 몸은 어디에 있고, 축생畜生과 뭐가 다르리
제법이 실재라는 고집에 얽매이거나
공空을 추구한다고 미망을 버릴 수가 있나
마음을 씻는 것으로 어찌 고苦를 벗어나리
깨달음의 과정에도 길을 잃고 헤매거늘
애착으로 인하여 병이 생기게 되고
탐욕 때문에 빈곤을 느끼게 되는 것
육경六境이 사람을 미망케 하는 것이 아니고
만상이 허실임을 진실로 깨달아야 하오
불법에 이르는 길 결국 무엇을 버려야 할지
각기 다른 만상萬象이 어찌 세상을 속되게 하리
호 거사는 그저 베개를 높이 베고 살아가니
고요한 삶 누가 함께 할 수나 있겠소
불도를 깨우쳐 의식衣食을 모색하지도 않고
선에 심취해 기쁘게 땔나무 지고 있으니
그대 아직 기력이 쇠하지 않았다면

사람 사이 멀고 가까움을 어찌 말하겠소

與胡居士皆病寄此詩兼示學人 여호거사개병기차시겸시학인

王維 왕유

一與微塵念 일여미진념　橫有朝露身 횡유조로신
如是觀陰界 여시도음계　何方置我人 아방치아인
礙有固爲主 애유고위주　趣空寧捨賓 취공녕사빈
洗心詎懸解 세심거현해　悟道正迷津 오도정미진
因愛果生病 인애과생병　從貪始覺貧 종탐시각빈
色聲非彼妄 색성비피망　浮幻卽吾眞 부환즉오진
四達竟何遣 사달경하견　萬殊安可塵 만수안가진
胡生但高枕 호생단고침　寂寞與誰鄰 적막여수린
戰勝不謀食 전승불모식　理齊甘負薪 리제감부신
子若未始異 자약미시이　詎論疏與親 거론소여친

작품 전체는 호 거사를 문병하는 것이지만, 왕유는 첫 줄부터 '인신의 허망함人身虛妄'을 말합니다. 불교적 관점으로 '생生·로老·병病·사死'의 고뇌를 말하는 것이지요.

이어서 셋째 연과 넷째 연에서 일체 현상이 실재하지 않음을 볼 수 있다면, 내 몸은 어디에 있고, 나와 축생畜生이 뭐가 다르냐고 제법무아諸法無我와 제행무상諸行無常을 슬쩍 꺼내놓고는 다시 말합니다. 그렇다면 사물이 실재한다고 고집을 부리거나, 보이는 것은 모두 실체가 아님을 애써 추구하면 미망에서 벗어날 수 있겠는가? 그렇지 않다는 겁니다. 왜냐고요? 깨달음의 과정에도 여전히 미로迷路로 인해 수많은 시련을 겪게 된다는 겁니다. 결국 시인이 강조하고자 하는 것은, 삼라만상의 모든 현상(諸法제법)이 있음도 아니고(非有비유) 없음도 아니(非無비무)라는 불가佛家의 인식 과정인 '색·공의 이치'를 깨달아야 해탈에 이룰 수 있다는 것입니다.

시인은 또 문병의 취지에 맞춰, 질병은 애착에서 비롯되고, 지나친 욕심이 일어나 가난하다고 느끼는 것이지, 단지 있고(有유) 없음(無무)의 분별심(六境육경)만으로는 망심妄心이 일어나지 않는다고 말합니다. 그러므로 공허하고 허망함이 삼라만상의 참모습이라는 사실을 진실로 깨달아야만, 미혹迷惑에 빠지지 않게 되고 질병이나 빈궁함의 고통에서 해방될 수 있다는 것입니다.

시인은 마지막 부분에서, 호 거사는 이미 '색·공의 이치'에 통달하여 부귀공명의 욕망을 떨쳐내어 가난 속에서도 편안한 마음으로, 불도佛道에 정진하여 안빈낙도安貧樂道의 삶을 즐기며 살아가고 있는데, 새삼스럽게 인정의 멀고 가까움을 말할 필요가 있겠느냐고 말합니다. 호 거사가 누구인지는 알 수 없지만, 재가불자로 시인과는 불교의 이치를 함께 논할 수 있는 가까운 사이임을 짐작할 수 있습니다. (2022. 8. 28.)

※학인學人; 불도佛道를 닦는 사람들

※음계陰界; 오온五蘊(색色:신체, 수受:감각·상想:의식·행行:행위·식識:분별)과 십팔계十八界(육근六根, 육경六境, 육식六識으로 인간 존재의 열여덟 가지 구성 요소). 즉 물질세계와 정신세계를 말함

※색성色聲; 색色·성聲·향香·미味·촉觸인 육경六境으로 인간의 인식 대상을 말함.

중국 선시禪詩의 향기 14

마음이 텅 비니 무엇을 붙잡으리

우리의 삶 속에는 온갖 것들이 서로 뒤엉켜 흘러갑니다. 그것을 불교에서는 인연因緣이라 부릅니다. 슬픔과 기쁨, 사랑과 미움, 절망과 희망, 부와 가난 등등, 하지만 그러한 것들은 하나의 작은 조각들로 이루어진 현상에 불과할 뿐, 그 자체가 삶은 아닙니다.

『중론中論』에 보면,

"모든 존재는 인연으로 생겨난 것으로, 공空이라 말한다(因緣所生法인연소생법, 我說卽是空아설즉시공)."라는 구절이 보입니다.

　세계의 모든 사물은 서로 연결되어 의지하고 작용하면서 전체를 이루고 있습니다. 이와 같은 사물과 사물의 연관 관계는 본래부터 있었던 것이 아니라, 있다가 없어지고, 없다가 생겨나는, 생성과 소멸의 과정에서 끊임없이 일어나는 변화 현상입니다. 불교에서는 이것을 "원인과 조건(因緣인연)에 의해 생겨난다."고 하여 연기緣起라고 합니다.
　'원인과 조건(因緣인연)으로 생겨난 것들은 스스로 생겨나 변화하지 않는 본래의 성질(自性자성)을 갖지 못함으로 공空하며, 이 공空 역시 스스로 생겨나 변화하지 않는 실체(自性자성)가 아니므로 공空하다.'고 하는 나가르주나(용수龍樹 150~250년경)의 공空의 개념은 대승불교가 자랑할 만큼 매우 뛰어난 것입니다.

　석존의 사상을 기반으로 등장한 공의 개념은 제행무상諸行無常과 제법무아諸法無我로 한역漢譯이 되어, "자아

自我(본질)는 존재하지 않는다."라고 실체를 부정함으로써, 무상無常과 무아無我라는 공空의 개념이 완성됩니다.

실체가 없다는 공사상은 어쩌면 허무하게 들릴지도 모릅니다. 하지만 그 진실의 깊이를 들여다보면, 세상을 바르게 보고 인생의 고뇌에서 벗어나라는 부처님의 가르침을 담고 있는 것입니다.

오늘은 있음(有유)과 없음(無무)에 머물지 않고 오로지 몸과 마음의 자유를 추구했던 한산자寒山子의 시 한 편을 감상해 보도록 하겠습니다.

내 평생 불도를 즐겨

한산

내 평생 스스로 불도를 즐겨
구름 속 덩굴 덮인 동굴에 산다

소박한 정취 많아 얽매임 없고
흰 구름 벗 삼으니 한가롭다.
길은 있어도 속세와 통하지 않고
마음이 텅 비니 무엇을 붙잡으리
널따란 바위에 이 밤 홀로 앉으니
둥근달 한산 위로 둥실 떠 오른다.

自樂平生道자락평생도

寒山한산

自樂平生道자락평생도 煙蘿石洞間연라석동간
野情多放曠야정다방광 長伴白雲閑장반백운한
有路不通世유로불통세 無心孰可攀무심숙가반
石床孤夜坐석상고야좌 圓月上寒山원월상한산

『경덕전등록景德傳燈錄』과 『태평광기太平廣記』에 보면, '한산자寒山子는 이름과 성씨는 알 수가 없고 천태天台의

취병산翠屛山에 숨어 살았는데, 산이 깊고 험하여 여름에도 눈이 남아있어 한산寒山 이라 한다.'라고 기록하고 있을 뿐, 그의 생몰연대조차 정확히 알 수 없습니다. 다만 몇몇 기록을 통하여, 한산은 시를 좋아하고, 깊은 산속에 은거하여 속세와 인연을 끊고 살았음을 알 수 있습니다.

이 시의 두 번째 구句에 나오는 '구름 속 덩굴로 덮인 동굴'은 한산의 실질적으로 살았을 것으로 추측되는 한암寒巖을 말하며, 좁고 긴 동굴 입구는 산 중턱에 있어 숲에 가려 잘 보이지 않는다는 말입니다.

셋째 연과 넷째 연을 보면,

중국 당唐의 승려(780~840) 화엄종의 5조祖 규봉圭峰대사, 종밀宗密의 『선문사자승습도禪門師資承襲圖』에 실린 글이 떠오릅니다.

"마음을 끊어낼 것도 없고 억지로 만들 것도 없이, 마음이 돌아가는 대로 몸을 맡기는 자. 이 사람을 불러 해탈 인이라고 한다(不斷不造불단부조, 任運自在임운자재, 名爲解脫人명위해탈인)."

그렇습니다. 한산자寒山子는 마음이 가는 대로 몸을 맡기고, 세상 만물의 실체가 없음을 바라보면서, '마음이 텅 비어 있으니 바랄 것이 없다는' 말로 모든 생각을 끊어내고 있습니다.
　시인의 마음은 밝은 달과 같아서 어두운 천지를 비추고 있을 뿐입니다.

중국 선시禪詩의 향기 15

마음을 어찌해야 원숙함에 이를까

불교는 마음을 다스리는 종교라 할 수 있습니다. 그런데 마음이 보이지 않으니 "이것이 마음이다."라고 할 수도 없고, 또 마음이 무어냐고 물으면 대답하기도 쉽지 않습니다. 그런 마음을 어떻게 다스려야 하는지, 도대체 마음이란 과연 있는 건지, 없는 건지, 있다면 어디에 있는지, 때로는 헷갈리기도 하지만, 우리가 화가 나면 소리를 지르고, 기쁘면 저도 모르게 입가에 미소가 생기고, 또 슬픔이 다가오면 눈에 눈물이 고이는 것을 보면, 마음이 있는 것 같기는 한데 도무지 알 수 없는 것이 마음이 아닌가 합니다.

부처님의 입멸入滅을 다루는 『열반경涅槃經』에 보면, "육신이 견고하지 않음은 마치 갈대와도 같고 풀잎에 매달린 이슬과 같다."라고 하는 구절이 있습니다.

불가에서는 우리의 생명과 몸은, 사대四大(흙·물·불·바람)와 오온五蘊인 신체(색色:물질)와 정신(수受:감각·상想:의식·행行:행위·식識:분별)의 화합으로 이루어진 물질에 불과한 것이라, 무상無常하여 몸도 마음도 실체가 없다고 합니다.

오온五蘊이 공空이라는 말은 변하지 않는 건 세상에는 없으므로 무아無我하다는 뜻입니다. 아我는 내가 아니라 세상에 일어나는 현상과 물질을 말합니다. 따라서 공空이란 없다는 의미가 아니며, 우리의 마음 역시 있는 것도, 없는 것도, 아니라는 것입니다.

그러면 있지도 않고, 없다고 할 수도 없는 마음을 어떻게 다스릴 수 있을까요, 마음을 움직이는 것은 생각입니다. 마음이 생각에 따라 움직이므로 생각, 즉 아집을 끊어내라는 것입니다.

석존의 첫 교설인 『숫타니파타』874에는 "널리 확대되는 의식은 생각에서 비롯된다"라고 하여 번뇌의 궁극적인 원인을 다양한 생각 때문이라고 말합니다. 예를 들면, 우리들의 흔한 말 중에 생각할수록 화가 난다. 생각할수록 우습다. 생각할수록 무엇무엇 하다 등등, 처음에는 대수롭지 않던 일도 생각이 깊어질수록 점점 복잡해져 결국은 본래의 의도와는 다르게 흘러가는 경우가 참 많습니다.

그래서 생각할수록 화가 점점 나는 것이고, 화로 인하여 겪게 되는 고통은 결국 자신에게 돌아올 뿐입니다. 그러므로 집착, 즉 아집을 끊어내어 마음의 평온을 찾으라는 부처님의 참뜻이 '제행무상諸行無常', '일체개고一切行苦', '제법무아諸法無我', 즉 삼법인三法印의 형태로 나오게 됩니다. 여기에 '열반적정涅槃寂靜'을 더해 사법인四法印이라는 불교의 이상적 경지인 니르바나로 우리를 이끄는 것입니다. 따라서 그 순서는 바뀌지 않으며 그 중 무아설無我說은, '어떻게 말하고 행동할까'라고 하는 행위와 실천에 맞물린 실천 사상입니다.

이번에는 고대 중국의 문장가로 알려진 유종원의 시를 감상해 보면서 한 지식인이 마음을 어떻게 다스리고 있는지 보도록 하겠습니다.

새벽 초사원에 가서 불경을 읽다

유종원

차가운 우물물 길어 양치하고
맑은 마음으로 옷 먼지를 털고서
한가로이 패엽서를 들고
동재를 걸어 나와 소리 내어 읽는다
진리의 근원은 끝내 취함이 없이

헛된 궤적만 사람들은 쫓는다
남긴 말씀에 들어맞기를 바라지만
심성을 어찌 닦아야 원숙함에 이를까
도인의 집 뜨락은 고요하고
푸른 이끼 깊은 대숲에 이어져 있어
해는 떠도 안개와 이슬은 남아있고
푸른 솔 기름 발라 빗겨놓은 듯하다
담담하고 고요하여 말이 소용없으니
깨달음을 기뻐하며 스스로 만족한다

晨詣超師院讀禪經 신예초사원독선경

柳宗元 유종원

汲井漱寒齒 급정수한치　淸心拂塵服 청심불진복
閑持貝葉書 한지패엽서　步出東齋讀 보출동재독
眞源了無取 진원료무취　妄跡世所逐 망적세소축
遺言冀可冥 유언기가명　繕性何由熟 선성하유숙

道人庭宇靜도인정우정　苔色連深竹태색연심죽
日出霧露餘일출무로여　靑松如膏沐청송여고목
澹然離言說담연리언설　悟悅心自足오열심자족

　유종원柳宗元(773~819)은 당송팔대가의 한 사람으로 중국의 대표적 문장가이며 저명한 사상가였습니다. 그는 21세의 약관에 진사과에 급제하였으며, 관리가 된 후에는 정치개혁에 앞장섰으나, 실패한 후에는 정치적으로 매우 불우한 삶을 살았습니다.

　그는 벽지인 영주永州로 쫓겨나 10년을 지내고, 다시 유주柳州에서 4년을 지내다가 47세의 젊은 나이로 세상을 등졌습니다.

　그가 남긴 시는 많지는 않지만, 맑고 깨끗하여, 간결하면서도 산뜻하며 감정이 진지한 것이 감칠맛이 있습니다.

　이 시는 그가 영주永州로 쫓겨났을 때 쓴 것으로, 작자는 새벽에 초사超師의 선원에 나아가 불경을 읽는 느낌을 말하고 있습니다.

　초사超師는 영주永州의 승려로 유종원의 쓴 『벽력금찬인霹靂琴贊引』에 보면, 영릉零陵 상수湘水 서쪽에서 벼락 맞은 오동나무를 가져다가 거문고(琴금) 셋을 만들었다는 초도인超道人의 기록이 있는데, 아마 이 시 제목(詩題시제)의 초사超師와 동일 인물이 아닐까 여겨집니다. 또 패엽서貝葉書는 불경을 가리키는 것으로 고대 인도인은 다라수多羅樹라는 나뭇잎에다 경經을 썼기에 불경을 패엽경貝葉經이라 부릅니다. 그리고 남기신 말씀이란 불전佛典을 말합니다.

　이제 시의 내용이 감이 잡히실 겁니다. 첫머리 네 구는 몸과 마음을 깨끗이 하여 정성스럽게 불경을 소리 내어 읽고 있습니다. 그다음 불경의 심오함이 인생의 참뜻을 깨닫게 할 수 있지만 사람들은 그것을 살피지 못한다고 말합니다. 그렇다면 어떻게 해야 부처님의 남기신 말씀에 딱 들어맞게 심성을 다스릴 수 있는지 생각합니다. 그때 시인의 눈에 펼쳐진 뜨락의 풍경, 대숲으로 길게 이어진 푸른 이끼 사이로 아침 햇살이 안개를 헤치며 떠오릅니다. 솔잎에 맺힌 이슬이 반짝거리는 고요한 아침, 무슨 말이 필요할까요? 시인은 심령이 맑아 옴을 느끼면서 스스로 만족한 여유를 즐기고 있습니다.

중국 선시禪詩의 향기 16

탐심을 버리고 스스로 평온함을 찾으라

　우리가 살다 보면 기쁜 일도 있지만, 슬프거나 마음 상하는 일이 더 많을지도 모릅니다. 그래서 때로는 사는 일이 죽는 일보다 더 힘들게 느껴질 때도 있을 것입니다. 석존 역시 혜택받는 가정에서 태어났지만, 혼자서 깊은 명상에 잠기는 일이 많았다고 합니다. 석존이 인생의 고뇌를 몰랐다면 즐거움이 가득한 현세를 모두 버리고 출가의 길을 선택하였겠습니까, 출가한 석존은 6년의 수행을 거쳐 마침내 '깨달은 자'가 되어, 스스로 깨달은 바를 사람들에게 설했던 것입니다.

'고苦'라는 말은 부처님의 첫 말씀인 『숫타니파타』와 『담마파타;법구경』을 위시한 초기 경전 여러 곳에 나타나고 있습니다. 물론 '고苦'에는 육체적 고통도 있겠지만, 대체로 심리적 고통을 말합니다. 아마도 사바세계 (sahāloka)의 현실 자체가 '고뇌'라고 말하는지도 모릅니다. 그렇다면 고뇌는 왜 생기는 걸까요.

우리가 살면서 마음먹은 대로 되지 않아서 느끼는 고뇌가 있다면, 그것은 아마도 욕망(탐욕·애욕·집착)으로 생기는 고통일 것입니다. 또 무엇인지는 잘 모르지만, 삶 자체가 고뇌라 말할 수도 있을 것입니다. 붓다가 깨달은 법法은 모든 생명이 있는 것은 괴로움 (dukha)에 얽매일 수밖에 없다는 영원불멸의 법칙이었습니다.

초기 경전인 『증일아함경增一阿含經』 14권, 제5경을 보면, "무엇을 괴로움의 본바탕이라 하겠는가? 소위 태어

남의 괴로움(生생), 늙음의 괴로움(老로), 병듦의 괴로움(病병), 죽음의 괴로움(死사)처럼 번민과 걱정의 괴로움(憂悲惱苦우비뇌고)은 헤아릴 수 없습니다. 그리고 미운 사람과의 만나는 괴로움(怨憎會苦원증회고), 사랑하는 사람과의 헤어지는 괴로움(愛別離苦애별리고), 원하는 것을 이루지 못하는 괴로움(求不得苦구불득고), 이것 역시 괴로움입니다."

"그러면 괴로움의 근본 원인은 무엇입니까?"

"느끼고 애착하기를 습관화하여 싫어하지 않고 마음이 항상 그것을 탐하는 것(苦習諦고습제)을 말합니다."

"그러면 괴로움이 사라지는 진리는 무엇이라 하나요?"

"애욕을 물리쳐 조금도 남지 않게 함으로써 다시는 욕망이 일어나지 않게 하는 것(苦盡諦고진제)을 말합니다."

"무엇을 괴로움에서 벗어나는 진리(苦出要諦고출요제)라 하는가요?"

"바로 깨달은 자의 여덟 가지 수행 방법(八正道팔정도)을 말합니다."라고 고품의 원인과 고품를 벗어나는 길을 제시하고 있습니다.

다만 팔정도八正道는 출가한 비구와 비구니를 위한 수행 방법이며, 일반 재가 신도들은 삼보三寶에 귀의歸依를 받아들이고, 이와 더불어 살생하지 않는다(不殺生불살생). 도둑질하지 않는다(不偸盜불투도). 사음하지 않는다(不邪婬불사음). 술 먹지 않는다(不飮酒불음주) 등의 오계五戒를 지키면 된다고 『증일아함경增一阿含經』권 20, 제1경에서 말하고 있습니다.

총괄적으로 말하자면, '괴로움의 진리(苦諦고제)'는 우리에게 비록 즐거움이 있더라도 이는 영원한 즐거움이 아니며, 세상은 영원히 변하지 않는 것이 아니라 항상 변하기 때문에 괴롭다는 것입니다. 따라서 우리가 살아있는 동안 끝없이 이어지는 것이 고苦인 것입니다. 이를 불교에서는 번뇌라 하며, 일상에서는 '백팔번뇌'라 부릅니다.

오늘은 한시漢詩인데도 한글 시처럼 편안한 마음으로 읽을 수 있는 시 한 편을 감상하도록 하겠습니다.

천국에 태어나길 바라지 않네

왕범지

천국에 태어나길 바라지 않고
복 많이 받기도 원치 않으니
배고프면 밥 한술 떠먹으면 되고
졸리면 다리 뻗고 자면 그뿐인걸
어리석은 자들은 우습다고 하고
똑똑한 사람 당연하다 말하지만
어리석고 지혜로운 것도 아니고
심오한 뜻 있어서는 더욱 아니네

我不樂生天 아불락생천

王梵志 왕범지

我不樂生天 아불락생천 亦不愛福田 역불애복전

飢來一鉢飯기래일발반 因來展脚眠인래전각면
愚人以爲笑우인이위소 智者謂之然지자위지연
非愚亦非智비우역비지 不是玄中玄불시현중현

왕범지王梵志(590?~660)는 초당初唐의 시인으로, 위주衛州의 여양黎陽(지금의 하남성河南省 준현浚縣) 사람으로, 일설에 중년 이후 가업이 기울어 불교에 귀의했다지만, 알려진 바는 없습니다.

그가 쓴 시들은 주로 불교의 사상이나 현실 세태를 풍자하고, 백성의 고통을 묘사하고 있습니다. 특히 그 당시 일반 사람들의 평소에 사용하는 언어를 시어詩語로 사용함으로써 누구나 쉽게 이해할 수 있도록 쓰였습니다. 또한 평범한 언어 속에 신랄함이 배어있어 음미할수록 고개가 끄덕여집니다. 그의 시는 사막 지역이며 중국 변방인 감숙성 돈황에 묻힌 책 속에 여러 편이 남아있을 뿐, 대부분은 유실되어 남아있지 않습니다.

이 시는 약간의 한자를 알기만 하면 힘들지 않게 읽

을 수 있도록 구성되어 있습니다. 다만 마지막 구는 노자와 장자, 그리고 주역인 삼현三玄 사상을 비유로 응용하고 있습니다.

전체적인 내용을 보면, 죽어서 극락에 태어나기 위하여 수행을 열심히 하고, 살아서는 복을 많이 받으려고 착한 일 한다면, 모두 쓸모없는 짓이라고 은근히 비꼬듯이 말하고 있습니다.

그저 묵묵히 부처님의 길을 따라가는 나의 모습을 보라, 어리석은 사람은 나를 보며 비웃을 것이고, 지혜로운 사람은 그 참뜻을 깨달을 것이다.

내가 스스로 길을 가는 것은, 심오한 학문을 배우기 위해서가 아니라 오로지 마음의 탐심을 버리고 스스로 평온함을 찾으라는, 부처님의 말씀을 따르고 있는 것이라고 시인은 말합니다. (2022. 9. 27.)

※諦는 산스크리트어 사트야(satya)로 '존재하다(아스as)'라는 동사의 현재분사인 사트(sat)에서 유래하며, '진실'을 뜻한다. 한자의 諦 역시 진리의 뜻으로 원래는 '밝힌다'라는 뜻이다.

중국 선시禪詩의 향기 17

진정한 수행이란 심성을 닦는 것

　우리는 생활에 쫓기며 정신없이 살다가 언뜻 스치는 죽음을 생각하는 순간 한없는 고독을 느끼게 됩니다.
　삶의 진실은 무엇이고, 나는 누구인가, 과연 이 세상은 우리가 살아갈 만한 곳인가, 또 나는 누구를 위하여 살고 있는가, 등등 고달프고 힘들 때마다 자신을 향해 넋두리를 늘어놓지만, 마음이 있는지 없는지 생각해 본 적도 없고, 있다면 어디에 있는지 알지도 못합니다. 그러함에도 불구하고 '모든 것이 마음에 있다(一切唯心造일체

유심조).'라고 불가佛家에서는 말합니다.

 마음이 도대체 어디에 있는 걸까요, 아무리 찾아도 마음이라고 할만한 모습은 보이지 않습니다. 그렇다고 없다고 할 수도 없습니다. 우리는 있는지 없는지 잘 알지 못하면서도 있음과 없음에 매달려 속을 태웁니다. 그리고 겨우 찾았다 싶으면 아무런 쓸모가 없는 것임을 알게 됩니다. 이것이 아집이고 집착입니다. 말하자면 쓸데없는 생각으로 인하여 본래의 나를 잃어버리고 쓸모없는 아집에 매달려 살아가게 된다는 것입니다.
 여러 자료에 나타난 초기 불교의 교설을 보면 석존은 방문한 사람들의 질문에 대답하는 형태로 불법佛法을 설하고 있습니다(對機說法대기설법).
 각양각색의 물음에 대하여 비유적인 예를 들어가며 설하시는 석존의 말씀 대부분은 '마음'에 관한 것이었습니다. '마음' 본래의 모습을 똑바로 응시하여 '마음'이 무엇인지 바르게 알고 '마음'을 소중히 하라고 강조하였습니다.

현실을 벗어나거나 공허한 논쟁거리는 아예 거들떠 보지도 않았습니다. 또 마음이 있고 없음을 말하지도 않았습니다. 다만 '마음'이 무엇인지 바로 알고 다양한 현실에 대응하면서도 그 현실에 끌려가지 않고 현실에 대처하는 '마음'을 중시하였습니다.

다시 말해 우리의 마음과 현실이 바로 진리라고 여기신 것입니다. 그러면 아무리 찾아도 찾을 수 없는 마음은 도대체 어디에 있는 걸까요.

우리가 마음이라고 알고 있는 것은 생각과 감정으로 부질없는 잡념인 경우가 대부분입니다.

감정이란 생각에 대한 몸의 반응으로, 생각이 깊어질수록 감정의 골도 깊어 갑니다. 이처럼 생각과 감정은 서로 경쟁하면서 돌고 도는 습성이 있습니다. 따라서 감정이 생각을 부추기기도 하고, 생각이 감정을 부추기기도 하면서 우리의 몸에 반응을 일으키게 됩니다. 이때 가장 뚜렷하게 나타나는 것이 분별심으로, 생각을 일으켜 좋아하고 싫어하는 마음이 생겨나게 합니다.

말하자면 마음은 본래 청정(自性淸淨자성청정)한데 생각이 분별심을 일으켜(自性分別자성분별) 감정이 생기고, 감정이 다시 생각을 일으켜 좋아하고 싫어하는 마음이 생기게 된다는 것입니다.

그러면 청정한 마음을 지키기 위해 우리는 어떻게 해야 할까요. 먼저 잡다한 생각을 끊어내고 버려야 합니다. 우리의 생각은 과거로부터 옵니다. 과거에 내가 겪었던 경험이 지식이 되어 현재의 생각을 낳게 합니다. 몸은 현재에 있고, 생각은 과거에 있는 것입니다. 그러니 혼란스럽지 않을 수가 없습니다. 생각은 기억, 체험, 지식에 대한 반응일뿐, 결코 새롭게 생겨나는 것이 아닙니다. 그러므로 낡은 생각으로는 지금의 나를 지킬 수가 없습니다. 생각으로부터 자유롭기 위해서는 지금 있는 나, 현재의 나를 탐구해야 합니다. 그것이 곧 '현재의 열반(現法涅槃현법열반)'에 이르는 길인 것입니다.

화엄종의 5조祖 종밀宗密은 『선문사자승습도禪門師資承襲圖』에서 "심성을 떠나서(心性上外심성상외) 진리란 없다(更無一法갱무일법). 그러므로 진정한 수행이란 다만 심성을 닦는 것(故但任性卽爲修世고단임성즉위수세)."이라고 말합니다.

모든 존재의 진실한 모습(諸法實相제법실상)을 보기 위해서는 몸과 마음에 대한 집착을 버리고(身心脫落신심탈락), 지금의 나를 바르게 보아야 합니다.

오늘도 잠시 쉬어가며 시 한 편을 감상하도록 하겠습니다.

파산사 뒤 선원에서

상건

맑은 새벽 오랜 옛 절로 접어드니
이른 해 떠올라 높은 숲 비춘다
굽은 길은 그윽한 곳으로 통하고
선방 주위는 꽃나무 가득하다
산색은 새의 마음 즐겁게 하고
못물에 비친 그림자 마음 비우게 하니

온갖 소리 이곳에선 모두 고요하여
오로지 종과 경쇠 소리 들려올 뿐.

破山寺後禪院파산사후선원

常建상건

淸晨入古寺청신입고사　初日照高林초일조고림
曲徑通幽處곡경통유처　禪房花木深선방화목심
山光悅鳥性산광열조성　潭影空人心담영공인심
萬籟此俱寂만뢰차구적　惟聞鐘磬音유문종경음

　상건常建(708?~765)은 약관의 나이에 진사과에 급제하였으나, 벼슬살이가 여의치 못하여 일찍 관직에서 물러나 각지의 명산을 유람하며 마음을 달랬습니다. 만년에는 호북성湖北省 무창武昌 서쪽에 있는 악저鄂渚에 은거하여 거문고와 시를 벗 삼아 한가롭게 세월을 보냈습니다. 그의 시는 뜻이 심원하고 독특하여 좋은 구절이 많으며, 시풍은 왕유와 맹호연처럼 산수 자연의 아름다움을 즐겨 노래하고 있습니다.

이 시의 제목인 파산사破山寺는 지금의 강소성江蘇省 상숙현常熟縣 우산虞山에 있는 흥복사興福寺이며, 후선원後禪院은 절 뒤편에 있는 선방을 말합니다.

시인은 새벽 맑은 공기(淸청), 밝은 햇살(初日초일), 숲으로 이어지는 그윽한 길(幽유), 깊숙한 곳에 자리한(深심) 선원의 고요함(寂적) 등 산사山寺의 풍경을 담담하게 그려내고 있습니다.

이 시의 핵심은 다섯 번째와 여섯 번째인 산광열조성山光悅鳥性, 담영공인심潭影空人心에 있습니다.

붓다가 초기 교설인 『숫타니파타』 467에서,

"깨달은 자는 생사의 궁극을 알고, 마치 맑고 찬 호수같이 고요함으로 돌아간다."라고 설하였다면,

시인의 마음 역시 산 기운이 맑고 그윽하니 새들이 저절로 즐거워하듯 마음을 비워 잡념을 씻어내니 연못

에 비추는 그림자처럼 정신이 맑아지고 흔들리지 않아 온갖 잡념이 모두 사라져 고요하다는 심정을 말하고 있는 것입니다. (2022. 10. 7.)

중국 선시禪詩의 향기 18

세상은 한낱 먼지 속에 있거늘

　옛사람은 세월이 강물처럼 흐른다고 했습니다. 그때는 하늘을 나는 비행기도 들판을 가로지르며 달려가는 기차도 없었습니다. 그러니 강물이 오죽 빨라 보였겠습니까. 강물보다 훨씬 빠르게 흘러가는 세월에 비하면, 지금의 강물은 얼마나 여유롭게 흘러가고 있습니까.
　날아가는 비행기는 볼 수 있어도, 가는 세월은 볼 수가 없습니다. 모든 것이 너무 빠르게 변화되고 있습니다. 물론 인연에 의해 태어난 것은 시간과 공간 안에서 변화하며 존재한다고 하지만, 적어도 우리가 아는 세상은 옛날이나 지금이나 시간과 공간만은 변화하지 않은 것 같은데도, 시간은 더 빠르게 움직이고 공간은 훨씬 좁게 느껴지는 이유는 무엇 때문일까요.

"서둘러라, 서둘러야 한다. 살아남기 위하여 목숨을 걸고 달려야 한다." 도대체 이게 무슨 역설입니까.

죽기 살기로 뛰어봐야 우리는 한정된 시간과 공간을 벗어날 수가 없습니다. 그런데도 단지 목숨을 부지하기 위하여 목숨을 걸어야 합니다.

5, 60년대만 하여도 제주에서 서울로 갈려면 하루나 이틀은 족히 걸렸습니다. 그런데 지금은 한 시간 남짓이면 갈 수 있습니다. 시간이 짧아지거나 길어진 것도 아니고, 공간이 좁아지거나 넓어진 것이 아닙니다. 하루나 이틀이 걸리는 거리를 한 시간에 간다고 하루가 스물다섯 시간이나 스물여섯 시간으로 불어나는 것도 아닙니다. 또 빨리 가고 늦게 간다고 거리가 고무줄처럼 늘었다 줄었다, 하지도 않습니다. 결국은 사람의 마음이 조

급해지고 바빠진 것입니다. 삶이 그렇게 만든 것입니다.

언제부터인가 세상은 참 편해졌는데도 더 편해지기 위하여 더 바쁘게 살아야 합니다. 그러니 주위를 둘러볼 여유가 없습니다. 이웃에 무슨 일이 일어났는지 관심이 없습니다. 오로지 '나' 뿐입니다. 때로는 형제자매도 나를 위해서는 버려야 합니다. 세상이 온통 탐욕과 이기로 차 넘치고 있습니다. 더 빠르게, 더 빨리, 우리는 죽음을 향하여 서둘러 달려갑니다. 그나마 듣기조차 싫은 늙음과 죽음이 있기에 사람들은 어떻게 살아야 할지 반성하며 살아가지만, 쾌락과 탐욕에 빠진 사람들에게는 죽음이 닥치기 전까지 삶의 끝을 인식하지 못합니다. 그러므로 후회는 언제나 되돌릴 수 없을 때가 되어야 찾아오는가 봅니다.

『잡아함경雜阿含經』 8권에 보면, 어느 날 석존은 새로운 제자들을 데리고 가야시산(象頭山상두산)에 올라갔습니다. 그리고 저 멀리 황혼의 붉은빛으로 변해가는 도시를 바라보며 설했습니다.

"비구들이여, 눈(眼안)이 타고 있다. 그 대상을 향해 타오르고 있다. 귀(耳이)도 타고, 코(鼻비)도 타고, 마음(心심)도 타고 있다. 모두 그 대상을 향해 활활 타오르고 있다. 비구들이여, 그것들은 무엇으로 말미암아 타는 것인가, 탐욕의 불꽃에 의해 타고, 노여움의 불꽃에 의해 타고, 어리석음의 불꽃에 의해 타고 있느니라."

"태어나서, 늙고, 병들어, 죽을 수밖에 없는 생生·로老·병病·사死의 근심(愁수)과 슬픔(悲비), 그리고 번뇌(惱뇌)의 고통(苦고)에서 벗어나려면, 탐욕(貪탐)의 불꽃, 노여움(瞋진)의 불꽃, 어리석음(痴치)의 불꽃을 완전히 태워 열반에 이르러야 한다."라고 설합니다.

석존의 설說한 열반涅槃이라는 술어는 죽은 다음에 찾아가는 세계를 말하고 있는 것이 아닙니다. 현실을 배경으로 하여 이상의 경지를 이루어 내는 말로 태어난 것입니다.

오늘은 어려서 일찍 부모를 여의어 불우한 삶을 살았던 만당晩唐의 시인 이상은李商隱이 삶 속에서 겪었던 애증愛憎을 어떻게 버리고 있는지 한번 보도록 하겠습니다.

청라산

이상은

석양은 서산을 넘어가는데
띠 집에 홀로 계신 스님을 찾아간다
낙엽이 수북하니 사람 어디 계신지
서늘한 구름 몇 겹 포개놓은 길에
홀로 초저녁 경쇠를 두드리며
한가로이 지팡이에 기대어 있네
세상은 한낱 먼지 속에 있거늘
내 어찌 애증에 매달리고 있으리

北靑蘿북청라

李商隱이상은

殘陽西入崦잔양서입엄 茅屋訪孤僧모옥방고승
落葉人何在낙엽인하재 寒雲路幾層한운로기층
獨鼓初夜磬독고초야경 閑倚一枝藤한의일지등
世界微塵裏세계미진리 吾寧愛與憎오녕애여증

이상은李商隱(812~858)은 국운이 기울어 가던 만당晩唐 때의 시인으로 본적은 하남성河南省 심양현沁陽縣이지만, 조부 때 정주鄭州로 옮겨 살았습니다.

선조들이 일찍 병으로 죽어 가까운 친인척이 없었던 시인은 생활이 넉넉하지 못한 데다 몸이 약해 성격이 내성적이지 않았나 여겨집니다.

그의 시는 내용이 다채로우며, 당시의 정치 상황과 사회 면모를 심도 있게 반영하는 동시에 국사에 대해 깊은 우려를 나타내고 있습니다.

특히 「무제無題」라는 시제詩題를 달아, 남녀의 애정과 실연의 고통을 스스럼없이 드러냄으로써 중국 시가에 큰 자국을 남겨놓았습니다.

이 시의 앞 네 구는 시인이 저녁나절 청라산에 계시는 고승을 찾아가는 과정이 가을 저녁 풍경과 함께 그려지고 있습니다.

나머지 네 구는 스님의 모습을 보면서 자신의 살면서 겪었던 좋지 못한 일로 인해 가슴에 품었던 사랑과 증오가 모두 부질없는 것임을 깨닫게 되었음을 말하고 있습니다.

자, 그러면 서술적으로 한번 풀어볼까요,

엄崦은 해지는 산이고 청라靑蘿는 하남성河南省 제원현濟源縣에 있는 청라산靑蘿山을 말합니다.

해는 산 너머로 뉘엿뉘엿 기울어 가는데, 시인은 노스님이 계시는 청라산을 향하여 가고 있습니다. 그런데 막상 도착하고 보니 스님이 보이지 않는 것입니다. 아마도 산속이라 낙엽이 수북이 쌓여 있었나 봅니다. 어디에 있나 찾아보니 구름이 두둥실 흐르는 건너편 길에 등나무 지팡이를 짚고서 한가로이 경쇠를 두드리는 스님이 보입니다. 너무나 평화로운 그 모습. 시인은 먼지 가득한 속세의 삶이 모두 집착으로 벌어지는 일순간의 환영임을 깨닫게 됩니다. (2022. 10. 13.)

중국 선시禪詩의 향기 19

자기를 소중히 여기는 사람은
결코 악을 가까이하지 않는다

돈 많은 한 권력자가 죽어, 지옥과 천국의 문 앞에서 염라대왕의 심사審查를 받고 있었습니다.

대왕이 묻습니다.

"너는 살아생전에 말을 함부로 하여 상대의 마음을 아프게 한 적은 없었느냐, 또 남의 물건을 탐내어 훔치거나 빼앗은 적은 없었느냐, 자신을 과대평가하여 남을 깔보거나 멸시한 적은 없었느냐, 부모의 능력을 탓하며 원망하거나 무시한 적은 없었느냐."

 죽은 권력자는 대왕의 질문에 속이 탑니다. 나는 생전에 대단히 성공한 사람으로 돈도 많이 벌었으며, 사회적으로 성공하여 상당한 권력을 가지고 있었다. 또 명문대학을 나와 남들이 부러워할 만큼 명예롭게 살았는데, 그런 것은 하나도 물어보지 않고 오로지 나와는 무관한 말만 하고 있으니, 속이 탈 수밖에 없었습니다.

 그렇습니다, 염라대왕은 돈 많은 권력자가 평소에 자랑스럽게 여기며 살았던 것들은 하나도 묻지 않았습니다. 죽음은 돈이나 권력, 명예와 지식하고는 아무런 관련이 없기 때문입니다.

 한 미망인이 남편의 장례를 치르고 난 후에 친구들에게, 부조금이 너무 많아 장례를 치르는 동안 은행직원이 찾아와 금액을 확인하고 가져갈 정도였다고 자랑했습니다. 그래서 미망인의 남편이 천국이나 극락으로 갔는지 우리는 알 수 없습니다.

하지만 그분이 살아생전에 정말 착한 일을 했다면, 틀림없이 좋은 곳으로 갔을 겁니다. 물론 살다 보면 돈이 정말 필요할 때도 있습니다. 그러나 그보다 더 소중한 것은, 자신을 아끼고 스스로 소중한 존재임을 잊지 않는 것입니다.

"정말로 자기를 소중히 여기는 사람은 결코 악을 가까이하지 않습니다. 왜냐하면 진정으로 자신을 사랑하기 때문입니다." 이 말은 석존의 말씀입니다.

『잡아함경』 34:24를 보면,

어느 날 바차(婆蹉파차)라는 다른 종교인이 붓다를 찾아와 열반을 한 사람은 어디로 가는지 물었습니다.

세존은 말합니다. "바차시여, 열반이란 사람이 죽어서 어디에 가서 태어나는 그런 것이, 아닙니다."

"해탈은 죽어서 다시 태어난다든지, 태어나지 않는다든지 하는 그런 것하고는 다릅니다."

"불이 타는 것은, 나무가 있기 때문입니다. 나무가 모두 타고 불이 꺼지고 나면 그 불이 어디로 가겠습니까." "나는 모릅니다."

"다만 사람의 마음도 나무가 있어서 타고 있는 것과 같이 탐욕(貪탐)과 노여움(瞋진), 그리고 어리석음(痴치)으로 인해 괴로움이 가득 차올라 불처럼 타오르게 됩니다. 그래서 나는 타오르는 격정을 태워 없애는 방법을 가르치는 겁니다. 그것은 마치 활활 타오르던 불이 땔감이 다하면 꺼져버리듯 탐욕(貪탐)과 분노(瞋진), 그리고 어리석음(痴치)이라는 격정이 사라지고 나면 괴로움이니 불안이니 하는 것들이, 모두 없어지기 때문입니다. 나는 그것을 열반이라 하는 것입니다."

후세後世에 태어난 사람 중에는 열반을 육체와 정신 작용이 완전히 끊어진 상태(灰身滅智회신멸지)라 판단하여 죽음을 뜻한다고 잘못 알고 있기도 합니다만, '열반'은 산스크리트어의 니르바나(nirvāna)의 음역으로, '마음 속에 타고 있는 격정의 불꽃이 꺼진 상태'를 말합니다.

그러므로 열반은 현실을 반영하는 실천 사상인 반면에 죽음은 생의 조건이 사라진 현상일 뿐입니다.

불이 타고 나면 그 연기가 어디로 가는지 모르듯이

우리는 영혼이 어디로 가는지 알 수가 없습니다. 윤회 역시 생에 대한 집착으로 그 집착을 제거함으로써 윤회의 원인을 제거할 수 있다고 석존은 말합니다. 석존은 윤회 관념을 도덕적 실천으로 강조한 적은 있어도 물리적 현상으로 윤회를 옹호하지는 않았습니다.

오늘은 성당盛唐 시기에 태어났으나 주로 중당中唐 시기 작품이 더 많은 시인 유장경劉長卿의 시를 감상해 보도록 하겠습다.

남계의 상도사를 찾아서

유장경

스님이 평소 걷던 길에는
이끼에 신발 자국 뚜렷한데
흰 구름 고요히 물가에 내려앉고

풀잎은 한가로이 문을 덮어 놓았네
비 내린 뒤 솔 빛을 바라보며
산 따라 물길 다한 곳에 이르니
냇가의 들꽃과 참선하는 마음
서로 마주 보면서 말을 잊는다.

尋南溪常道士심남계상도사

劉長卿유장경

一路經行處일로경행처 莓苔見履痕매태견리흔
白雲依靜渚백운의정저 芳草閉閑門방초폐한문
過雨看松色과우간송색 隨山到水源수산도수원
溪花與禪意계화여선의 相對亦忘言상대역망언

유장경劉長卿(709?~786?)은 성당盛唐 때 태어나 중당 中唐까지 살다 간 시인입니다. 개원 21년(733)에 진사과에 급제하여 감찰어사에 오르기도 했으나 모함으로 옥에 갇혔던 적이 있을 만큼 관료 생활이 편한 것은 아니었습니다.

그는 주로 중당中唐 시기에 작품활동을 하였으며, 시는 담박한 필치로 쓴 전원 산수 시가 많았습니다. 특히 관료 생활의 고적감이나 이별의 한恨 등, 한적한 심경을 주로 읊고 있습니다.

이 시는 은자를 찾아갔으나 만나지는 못하고 깨달음의 선취만 얻었음을 말하고 있습니다.

첫 구에 경행처經行處란, 스님들이 수행 중 건강을 위해 잠깐씩 걷던 산책로를 말합니다. 첫째부터 넷째 구까지는 시인이 스님을 뵈러 산속 암자를 찾아갔으나 만나지 못하여 아쉬워하면서 스님의 흔적을 둘러보며 위로를 삼고 있습니다.

이 시의 백미는 아래 마지막 두 구인 계화여선의溪花與禪意, 상대역망언相對亦忘言에 있습니다.

물소리 들으며 냇가를 걷던 시인은 물가에 피어있는

들꽃들이 선의 경지에 들어, 냇가의 맑은 물소리를 들으며 꽃을 피우고 있다는 생각에 빠집니다. 그래서 한참을 바라보다가 시인은 불현듯 도연명陶淵明의「음주飮酒」시 속에 들어있는,

"이 가운데 참된 뜻이 있어(此中有眞意차중유진의), 말하려 하나 이미 말을 잃는다(欲辨已忘言욕변이망언)."라는 시 구절이 생각이 났던 것입니다. (2022. 10. 20.)

중국 선시禪詩의 향기 20

고요히 방에 머무시니 봄 풀 무성하다

　우리는 원하지 않는 일을 해야 할 경우, 또는 하는 일이 잘 풀리지 않을 때면 흔히 "목구멍이 포도청"이라고 말합니다. 사는 일이 무엇 때문에 외롭고 험난한 길이 되어 우리의 삶을 힘겹게 하는 걸까요?

　죽음을 앞둔 사람들 대부분은 "내가 왜, 그렇게 살았을까"하고 후회한다고 합니다. 물론 살다 보면 그때는 그럴만한 사정이 있었겠지만, 세상을 줄 끝을 붙잡고 벼랑에 매달려 있다고 생각했던 것은 아닐까요?

벼랑이라 생각하지 말고 붙잡고 있는 줄을 놓으십시오. 피할 수 없는 것이라면, 참고 감내하는 법을 배워야 합니다. 부정적인 감정이나 생각은 결코 어떤 상황을 해결하는 최선이 될 수가 없습니다. 무겁고 쓸모없는 짐을 지고 있으면 그냥 버리면 되는데도 어떻게 버려야 할지 방법을 찾으려 하면 안 됩니다.

인간의 삶에서 가장 소중하게 원하는 것은 무엇일까요, 돈인가요, 명예인가요, 아니면 권력인가요, 물론 돈도, 명예도, 권력도 원하는 것 중 하나지만, 꼭 하나만 선택해야 한다면, 무엇을 선택할까요, 아마도 열에 열은 생명, 즉 목숨일 것입니다.

로마 황제 열전에 보면,
"내가 헛되이 보낸 오늘은 어제 죽은 사람이 그렇게 원했던 내일"이라는 말이 있습니다.

인간은 오지 않은 내일을 걱정하며, 미래를 보장받기 위하여 탐욕에 빠져 허우적거립니다. 하지만 붓다는 지금 바로, 이 순간을 말했을 뿐, 미래에 대하여 말하지 않았습니다. 현재의 삶을 말했을 뿐, 내일이 오면, 또는 내일을 위하여 이렇게 저렇게 하라고 말하지 않았습니다.

고대 중국 육조六朝의 고승 승조僧肇는 불가佛家의 '공空'의 개념을 중국인의 사고로 해석한 조론肇論에서, "과거는 과거에 있고, 미래는 미래에 있을 뿐 서로 오고 가지 않는다(不來不去불래불거)."라고 무불천론無不遷論을 말합니다.

또 『인왕경仁王經』 권중卷中에 보면, "일체一切의 법성法性은 진실로 공空하니, 오지도 않고 가지도 않으며, 생기지도 않고 없어지지도 않는다(一切法性眞實空일체법성진실공, 不來不去불래불거, 無生無滅무생무멸)."고 하였습니다.

그러면 전생에 지은 업보(karma)가 지금의 삶을 결정한다는 업(karma)을 어떻게 설명해야 할까요.

업(karma)은 과거에 있는 것도 아니고 미래에 있는 것도 아닙니다. 오늘 바로 지금 일어나고 있는 것이 업(karma)입니다.

우리는 과거에 지은 업이 오늘 내가 살아가는 일에

영향을 미친다고 생각합니다. 과거의 행동이 오늘을 좌우한다고 생각하는 것입니다. 하지만 인간은 본래 죄를 가지고 태어나지 않았습니다. 살면서 선악의 업을 쌓아가고, 살아가는 동안 결과로 드러나는 것입니다. 악행을 저질러도 대가를 치르지 않고 잘 살아가는 사람도 있지만, 결국은 살아서는 평생 불안과 꺼림칙한 느낌으로 고통을 받고, 죽고 난 뒤에는 살아 있을 때와 마찬가지로 여러 사람의 입을 통하여 비난받기에 결코 편안한 삶을 살았다고 할 수 없습니다.

설령 과거세過去世가 있다고 해도 우리가 알지 못한다면 그것은 우리의 삶이 아닙니다. 또한 우리가 알 수 없는 내일 역시 우리의 삶이 아닙니다. 우리는 오로지 현재에 존재하므로 우리 자신을 기억할 수 있는 지금이 바로 우리의 삶인 것입니다. 따라서 알 수 없는 것에 집착해선 안 됩니다.

『상응부경전相應部經典』22:151에 보면,
"비구들아, 무엇이 있음에 의하여, 무엇에 집착함으

로 인하여, 무엇을 탐함으로 인하여, 내가 있다는 생각(我見아견)이 일어나겠느냐?"

"비구들아, 물질(色색)이 있다는 생각이 색色에 집착하게 되고, 물질을 탐하게 되어, 아견我見은 일어나느니라. 또 감각(受수)이 있다는 생각으로, 표상(想상)이 있다는 생각으로, 의지(行행)가 있다는 생각으로, 의식(識식)이 있다는 생각으로 인하여 그것들에 집착하게 되고 탐하게 되어, 아견我見이 일어난다는 걸 알아야 한다."라고 말하고 있습니다.

인간은 바로 눈앞의 일도 알 수 없는 미약한 존재에 불과합니다. 마음먹은 대로 살 수는 없지만 어떻게 살아야 할지 생각하는 것은, 마음에 달려 있습니다. 분별의 자물쇠를 열고 집착의 빗장을 벗기고 보면 우리를 아프게 했던 것이 모두 나쁘기만 했던 것이 아니었음을 알게 될 것입니다.

오늘은 방랑과 은둔의 삶을 살아간 시인 이기李頎의 시 한 편을 감상해 보도록 하겠습니다.

선공이 계신 산 연못에 써놓다

이기

원공은 여산 봉우리에 숨어 살았고
석존 역시 기수림에 숨어 지냈듯이
돌 한 조각 외로운 구름 불신佛身을 엿보고
맑은 못 밝은 달은 불심佛心을 비춘다
여의를 흔들며 설하니 하늘 꽃 떨어지고
고요히 방에 머무시니 봄 풀 무성하다
이 밖에 세속 먼지에 오염될 일 없지만
오직 현도 같은 나는 찾아뵐 수 있었네

題璿公山池 제선공산지

李頎 이기

遠公遁迹廬山岑원공둔적여산잠 開士幽居祇樹林개사유거기수림
片石孤雲窺色相편석고운규색상 淸池皓月照禪心청지호월조선심
指揮如意天花落지휘여의천화락 坐臥閒房春草深좌와한방춘초심
此外俗塵都不染차외속진도불염 唯餘玄度得相尋유여현도득상심

이기李頎는 정확한 생몰년은 알 수 없고 대략 690~751년으로 추정되는 성당盛唐 때 시인으로 왕유, 왕창령 등을 벗으로 사귀었습니다. 본적은 알 수 없고 영양潁陽 땅에 오래 살았습니다. 개원 23년에 진사에 급제하였으나 정치적으로 뜻을 이루지 못해 영양潁陽으로 돌아가 산림에 은거하였습니다. 그는 방랑 생활을 통해 신선의 세계를 동경했으며 도사들과 친분을 나누었습니다. 따라서 그의 작품 대부분은 동진東晉 때 유행했던 현언玄言에 가까우며, 시는 호방한 편으로 악부의 민요적인 어조를 많이 쓰고 있습니다. 특히 인물 묘사에 뛰어난 솜씨를 보여주고 있습니다.

시인은 수련首聯에서 선공璿公 스님이 머무는 곳이 진

나라 고승인 혜원慧遠과 석존이 은거했던 기수림祇樹林과 흡사하다고 치켜세운 후, 스님의 자태와 불심을 찬양하고 설법의 고귀함을 높이 평가하고 있습니다.

마지막에는 스님은 좀처럼 외부의 인사들과 교류하지 않으시지만, 현도玄度와 같은 나를 기꺼이 맞아 담론을 나눈다고 은근히 자신을 자랑하고 있습니다. 현도玄度는 동진東晉의 명사 허순許詢의 자字로 당시의 명승인 지둔支遁(자字는 도림道林)을 찾아가 깊이 사귀었다고 합니다. (2022. 11. 17.)

※ 여의如意: 스님이 법회나 설법할 때 손에 드는 법구法具로 길이가 한 자쯤 되는 막대 모양의 물건
※ 현언玄言: 노자와 장자의 사상.

중국 선시禪詩의 향기 21

마음에 '절반의 게송(半偈반게)' 품으니
온갖 인연 사라진다

    인생이란 도대체 무엇일까요? 돈을 많이 벌어 여유로운 삶을 즐기는 것일까요, 아니면 권력이나 명예를 얻어 유명한 사람이 되는 것일까요.

    세존께서는 '인생은 살아있는 자신 그 자체일 뿐 다른 어떤 것과는 아무 관계가 없다'라고 말하였습니다. 말하자면 가난과 부, 권력과 명예 같은 것은 인생에 일어나는 부수적 현상에 불과하며, 우리가 경험할 수 있는 현상이 모두 시간상에 일어나는 무상한 존재에 불과하다는 것입니다. 이런 현상을 불가佛家에서는 연기법緣起法이라 하여 제행무상諸行無常 하다고 말합니다.

『열반경』 권14 「성행품」을 보면,
"모든 법이 무상한 것, 그것이 생멸 법이다(諸行無常제행무상, 是生滅法시생멸법)."라고 설하고 있듯이,

세상에 일어나는 모든 현상은 인연에 따라 이리저리 뒤섞여 생기고 사라지기를 반복하다가 인연이 다하면 무상(滅멸)으로 돌아갈 뿐이라는 겁니다. 즉 이 세상에는 변화(滅멸)하지 않는 영원함(命명)은 없다는 것입니다. 그래서 '공空하다.'는 것입니다. 단지 '공空'하다고 말하면 인생이 너무 허무해집니다.

석존은 결코 인생을 허무하다고 여기지 않았습니다. 석존의 말씀은 모든 집착을 털어내어 죽음과 윤회의 경계를 벗어버리고 자유로워지라는 것입니다.

인생은 자신을 빼놓고 말할 수 없습니다. 사는 동안은 죽음을 알 수 없고, 죽은 뒤엔 삶을 알 수 없습니다.

또 죽음은 삶에 의해 확인될 뿐 스스로 죽음을 확인할 수도 없습니다. 삶이 나의 일이라면 죽음 이후는 남의 일이기에 죽은 후의 나를 생각할 여유가 없습니다.

석존은 삶은 자기의 일이므로 자신을 아끼고 사랑하며 살라고 말합니다. 물론 깨달음 역시 타인에 의해 얻을 수 있는 것이 아니며, 스승의 교설敎說을 열심히 받아 듣거나 계율을 지킨다고 해서 이루어지는 것도 아니라고 말합니다.

『숫타니파타』 813을 보면,
"남의 것에 의지해 청정을 바라서는 아니 된다"라고 분명히 말하고 있습니다.

또 『담마파타:법구경』 165를 보면,
"악을 지으면 스스로 더럽혀지고, 악을 짓지 않으면 스스로 청정해진다. 깨끗하고 더러움은 각자의 일이며, 누구도 타인을 더럽히거나 깨끗하게 할 수가 없다."라고 말하고 있습니다.

『숫타니파타』1064를 보면,

어느 날 수행자 고타마가 "석존이시여, 우리를 모든 의혹에서 풀어 놓아주소서"라고 소원을 드렸을 때, 석가는 "나는 속세의 어떤 의혹자도 해탈시킬 수가 없다"라고 분명히 말하고 있습니다.

선악은 모두 지은 사람에게 돌아가는 것입니다. 향을 싸던 종이에서는 향냄새가 나고, 생선을 꿰었던 새끼줄은 생선 냄새가 나는 법입니다. 자신을 아끼는 사람은 스스로 악의 구렁텅이로 자신을 몰아넣지 않습니다. 그러므로 자신을 사랑할 때, 비로소 이웃을 진정으로 사랑할 수 있는 것입니다.

오늘도 시 한 편을 감상하면서 하루를 되돌아보도록 하겠습니다.

전기의 「가을밤 영대사에 머물며」를 받고 답하다

낭사원

무계의 동쪽 석림정사에 계시는
혜원 같은 스님 뵈러 밤에 절 문 두드린다.
절 위에 달 뜨니 만물은 고요하고
마음에 '절반의 게송' 품으니 온갖 인연 사라진다.
푸른 이끼 옛길 두루 둘러보았을 터
낙엽 진 샘물 소리 끝없이 들어가며
더구나 쌍봉의 산마루를 생각하다니
그 마음 바라기가 저와 똑같군요.

贈錢起秋夜宿靈臺寺見寄증전기추야숙영대사견기

郎士元낭사원

石林精舍武溪東석림정사무계동
夜扣禪扉謁遠公야구선비알원공
月在上方諸品靜월재상방제품정
心持半偈萬緣空심지반게만연공
蒼蒼古道行應遍창창고도행응편
落木寒泉聽不窮낙목한천청불궁
更憶雙峰最高頂갱억쌍봉최고정
此心期與故人同차심기여고인동

낭사원郎士元(?~781)은 정확한 생몰년을 알 수 없는 중당中唐 때 시인으로, 756년 과거에 급제하여 762년에 위남위渭南尉가 되자, 별장을 짓고 왕계우王季友, 전기錢起 등과 교우하며 시를 나누었습니다. 또 전기錢起와 함께 시로 이름이 높아 '전낭錢郎'이라고 불리었으며, 오언 율

시를 잘 짓고 시풍은 한가롭고 우아(閑雅한아)하며, 특히 송별 시에 뛰어났습니다. 당시 조정의 높은 벼슬아치들이 출사하거나 지방관으로 부임하면서 전기錢起나 낭사원郎士元의 송별시가 없다면 아쉬워할 정도로 송별送別 시와 증답贈答시가 많습니다. 다만 다른 제재의 시는 그다지 많지 않아 시의詩意의 폭이 다소 좁다고 할 수도 있습니다.

이 시는 전기錢起의 「밤에 영대사에 머물며 낭사원에게 부침;夜宿靈臺寺寄郎士元야숙영대사기낭사원」에 대한 답시答詩로, 제목에 나오는 전기錢起 역시 전별시餞別詩에 뛰어났으며, 경물 묘사에 능하며 오언 율시에 뛰어났습니다.

첫 구句부터 여섯 번째 구句까지는 전기錢起가 영대사靈臺寺에서 경험한 과정을 말하고 있습니다. 1구와 2구는 절집을 방문하는 과정을, 3구와 4구는 오묘한 불법佛法의 경계境界를, 5구와 6구는 절 주변의 경물을 읊고 있습니다. 마지막 구에 나오는 고인故人은 시인 자신을 나타내고 있습니다.

시를 이해하기 위해 알아야 할 사항은 '절반의 게송(반게半偈)'에 대한 전고典故입니다.

앞의 열세 번째 글 가운데, 『열반경涅槃經』권 14 「성행품聖行品」에 보면,

"일찍이 석가모니는 과거세(宿世숙세)에 설산雪山에서 불도佛道를 수행하던 중 나찰羅刹을 만나 절반의 게송을 얻기 위해 벼랑에서 몸을 던졌다."라고 말한 부분을 보충 설명하자면,

석존이 설산雪山에서 수행할 때, 나찰羅刹이

"모든 법이 무상한 것, 그것이 생멸법이다(諸行無常제행무상, 是生滅法시생멸법)."라고 말하자, 석존이 이를 듣고 기뻐하며 나머지 절반을 듣고자 했습니다. 그러나 나찰羅刹은 배가 고프다는 핑계로 나머지 게偈를 말해 주지 않았습니다.

이에 석존은 자신의 육신을 나찰羅刹의 한 끼 식사로 주기로 약속하고 나머지 게偈인 "생멸의 집착에서 벗어나면 열반의 즐거움에 이르게 되는 것을(生滅滅已생멸멸

이, 寂滅爲樂적멸위락.)"이라는 게偈를 받았습니다. 이것이 곧 '반게半偈'인 것입니다.

영대사靈臺寺는 화산華山 아래 지금의 섬서성陝西省 위남시渭南市에 있었으며, 전기錢起와 낭사원郎士元 이외에 유우석劉禹錫과 가도賈島의 시도 남아있습니다. 석림정사는 지금의 호남성湖南省 신주辰州의 신계辰溪에 있는 강동사江東寺를 말하지만, 위 시에서는 영대사靈臺寺를 비유로 나타내고 있습니다. 무계武溪는 지금의 호남성 서부의 신계辰溪 일대를 말합니다.

제2구의 원공遠公은 여산廬山 동림사東林寺에 거주하였던 동진東晉의 고승 혜원慧遠으로 여기서는 영대사靈臺寺에 머무는 스님을 비유하고 있습니다. (2023. 11. 17.)

중국 선시禪詩의 향기 22

솔 사이로 산사의 경쇠 소리 내려온다

   우리는 몸이 고달프거나 괴로울 때면 누군가에게 위로받고 싶어집니다. 위로받고 싶다는 것은 외롭기 때문입니다. 위로해 주기를 바라는 것은 내 편이 되어달라는 신호입니다. 그래서 주변에 가까운 사람에게 신세를 한탄하며 하소연하게 되지만, 결국은 자신의 문제는 스스로 풀어야 하는 자신의 문제일 뿐, 타인에 의해 해결할 수가 없습니다.

   사람들 대부분은 타인의 아픔에 깊은 관심을 두지

않습니다. 그래서 속담에 '강 건너 불구경'이라는 말이 생겨났는지도 모릅니다. 아무튼 남의 일은 타인의 이야깃거리에 불과한 요즘 세상이라면, 스스로 마음을 다스리며 살아갈 수밖에 없습니다. 누군가에게 기대를 걸고 의지한다는 것은 아무 쓸모가 없습니다. 때로는 스스로 위로하는 삶을 만들기 위해 신앙을 통한 체험이 하나의 길이 될 수도 있습니다.

문헌을 통해 보면, 고대 중국의 지식인들도 정치적인 이유로 자신의 처지가 곤란해지거나 어려움을 겪을 때마다 불교라는 신앙에 의지하여 스스로 마음을 달래기도 했습니다.

삶은 스스로 만든 대로 간다고 했습니다. 신앙으로 타인을 도울 수는 없지만, 사람의 마음을 위로해 주는 힘은 있습니다. 믿음이 주는 위로는 타인이 겉으로 염려해 주는 연민이 아니라 스스로 자신을 위로하는 진실한 마음입니다. 특히 남에게 말할 수 없는 일이거나, 말해도 소용없는 고뇌라면 무엇으로 그 고통을 치유할 수 있겠습니까. 또 아무리 좋은 약이나, 아무리 좋은 충고일지라도 마음의 응어리로 남아있는 고뇌와 분노를 녹일 수 있는 약은 이 세상에서는 구하기가 어렵습니다. 이럴 때 신앙에 의지하여 마음을 다스리는 길이 믿음의 길이라 생각합니다.

그러나 신앙을 자신의 이익을 위해 이용하거나 이루지도 못하는 일을 바라는 마음으로 신에게 의지하는 것은 옳지 않습니다. 사실 아무것도 없는데도 우리는 공연히 신들이 상과 벌을 내린다고 상상하고 있는지도 모릅니다. 기도란 마음을 경건히 하는 것이지, 제단에 음식을 올리는 외형에 있지도 않습니다. 그런데도 대부분은 신앙이 재물과 복을 얻는 수단이나, 저지른 잘못을 용서받는 도구라고 생각합니다.

우리가 사는 사회에는 신을 숭배 하지 않아도 더 양심적인 사람이 많이 있습니다. 초기 불교 성전에서는 붓다에 대한 신앙이 강조되고 있으나, 그것은 붓다를 모범으로 하여 가르침을 실천하기를 설하고 있을 뿐, 붓다에게 신령스러운 힘이나 신비한 힘이 있다는 생각은 아니었습니다.

경전의 근본이라 할 수 있는 『법구경』이나 『아함경』에는 신비로운 모습이나 초능력자로써의 석존의 모습은 보이지 않고, 매우 평범한 방법으로 우리를 향하여 어떻게 살아가야 하는지 인생의 진실을 말해 주는 아름다운 모습만 떠오르게 할 뿐입니다.

붓다는 오로지 이상적인 삶의 모범이었습니다. 그러므로 '여래如來' 즉 이와 같은 온 사람, 이와 같은 사람이라고 불러 지고 있는 것입니다.

불교는 오로지 종교적 실천에 의한 자기를 아는 것을 신앙으로 삼고 있습니다. 따라서 "자기에 귀의하는 일" 과 "법法에 귀의하는 일"이 같은 의미를 갖습니다.

『장로長老의 시』에 보면,

"법法에 귀의하는 일"이 곧 "자기에 귀의하는 일"이라고 말하고 있습니다.

붓다는 인간을 절대자인 신 앞에 희생양이 되기를 원하지 않았습니다. 붓다는 자신과 타인이 행복에 도움이 되는 윤리적인 삶을 살아가도록 우리를 가르치고 있는 것입니다.

오늘도 시 한 편을 감상해 보도록 하겠습니다.

늦가을 종남산 서봉 준 스님의 절에다 쓰다

전기

산을 향해 맑게 갠 하늘빛 바라보며
걷는 걸음마다 그윽한 마음 펼쳐놓는다.
노을빛 어지러이 반짝이며 흘러가는
하늘은 차갑고 가파른 산들은 높고 맑다.
석문은 여유롭고 아름답기만 한데
지는 노을 위로 달빛 내려앉는다.
혜원의 거처하는 위쪽으로 오르려니
외로운 봉우리에 오솔길 하나 걸어놓아

구름 속에 창문의 불빛 숨겨놓고
솔 사이로 산사의 경쇠 소리 내려온다.
객이 다다르자 두 사람 말 잃고선
조급한 마음으로 선정에 들어간다.

杪秋南山西峰題準上人蘭若_{초추남산서봉제준상인난야}

錢起_{전기}

向山看霽色_{향산간제색} 步步豁幽性_{보보할유성}
反照亂流明_{반조란유명} 寒空千嶂淨_{한공천장정}
石門有餘好_{석문유여호} 霞殘月欲映_{하잔월욕영}
上詣遠公廬_{상예원공려} 孤峰懸一徑_{고봉현일경}
雲裏隔窓火_{운리격창화} 松間下山磬_{송간하산경}
客到兩忘言_{객도양망언} 猿心與禪定_{원심여선정}

전기錢起(약 720~783)는 오흥吳興(절강성 호주湖州) 사람으로, 대력십재자大曆十才子의 한 사람으로 왕유王維와 시를 나누었습니다. 낭사원郎士元과 함께 '전낭錢郎'으로 불리 올 만큼 전별시가 유명하며, 시풍은 청려淸麗하고 운미韻味가 있으며, 특히 오언 율시와 사경寫景에 능하였습니다.

시詩 제목의 '제題(쓰다)'는 시를 절의 벽이나 문에 써놓는다는 뜻이며, 난야蘭若는 아난야阿蘭若의 줄임말로 조용한 곳이란 뜻이 있습니다. 일반적으로 관청에서 편액을 내린 곳을 절(寺사)이라 하고 개인 사찰을 '난야' 또는 '초제招提'라 합니다.

이 시는 시인이 종남산에 머물러 있는 준準이라는 법명의 스님을 찾아가는 과정을 그려내고 있습니다. 그럼, 시인의 마음을 상상하면서 천천히 음미해 볼까요.

시인은 늦가을 비 갠 후의 맑은 하늘빛이 산으로 번져가는 산속 모습을 첫 구에 올려놓고, 이어 둘째 연에서는 옛벗을 찾아 길 떠나는 기쁨을 펼치고 있습니다. 3, 4, 5, 6구에서는 멀고 가파른 산길을 걷다 보니 이미 날은 저물어 가고, 노을 진 구름이 시냇물처럼 흐르는 하늘 멀리, 뭇 산들이 하늘을 향해 맑은 정기를 뿜어내고 있는 원경을 그려내고 있습니다. 7, 8, 9, 10구에서는 스님이 머물고 계신 곳을 바라보면서 이제 거의 다 왔다는 안도감과 함께 주변의 가까운 풍경을 그려냅니다. 그리고 마지막 두 구에서 때로는 말을 굳이 하지 않아도 서로의 마음을 느낄 수 있는 깊은 우정이 두 사람 사이에 있음을 나타내고 있습니다.

(2024. 2. 20.)

중국 선시禪詩의 향기 23

떠도는 나그네의 마음에도
불심佛心 비춰주시게

『장자·지락편至樂篇』을 보면,

"장수한다고 해봐야, 정신이 희미한 채 오래도록 근심하며 죽지 않는 것일 뿐이니 얼마나 괴로운 일인가 (壽者惛惛수자혼혼, 久憂不死구우불사, 何之苦也하지고야)."라는 구절이 보입니다. 그런데 뜬금없이 이런 문구가 갑자기 눈에 확 띄는 이유가 무엇 때문일까요,

제가 알기로는 6, 70년대만 하더라고 우리나라의 평균 수명이 60세를 조금 넘어서지만, 이천이십년대의 우

리나라 평균 수명이 80세를 넘어 90세를 바라보게 되었습니다. 수명이 늘어나게 된 원인이 무엇보다 여유로운 생활과 충분한 영양 섭취, 그리고 좋은 의료시설이 있었기에 가능했겠지만, 인간의 삶이 오로지 먹고 사는 일이 전부가 아닌 이상, 조금만 삶의 깊이를 들여다보면, 수명이 늘어난 만큼 삶의 본질이 향상되었다고 말할 수는 없을 것입니다.

물질이 인생의 절대적 부분이 되어버린 오늘날, 수명의 연장으로 얻은 게 무엇일까요.

세월은 그저 말없이 흘러갈 뿐, 할 수 있는 것은 아무것도 없습니다. 나이가 들어 몸이 늙어 갈수록 육신의 고통은 심해지고 혼자 생활하기가 불편해지면, 자신도 모르게 자식의 눈치나 보게 되고, 자식은 부모를 짐으로 생각하는 현대사회의 현실 속에서 오래 사는 일이 과연 축복일까요.

『장자·도척편盜跖篇』을 보면,

"인생은 병에 걸려 앓고, 남이 죽어 슬퍼하고, 근심 걱정하는 날을 제하고 나면, 입을 벌리고 웃는 날은 한

달 동안에 사오일 정도에 불과하다(除病瘦제병수, 死喪사상, 憂患우환, 其中開口而笑者기중개구이소자, 一月之中일월지중, 不過四五日而已矣불과사오일이이의)."라는 자조적인 글이 보입니다.

그런데도 사람들은 오래 살기를 소원합니다. 사람뿐만 아니라 한정된 시간 안에 존재하는 모든 생명체는 생명을 지키기 위해 이기적일 수밖에 없습니다. 생명을 지키려는 본능이 이기심을 낳고, 생명을 지키려고 집착하기 때문에 욕망이 드러나는 것입니다. 따라서 생명이 있는 모든 개체는 생명을 유지해야 하는 그 자체가 괴로움의 근원이며 어디에서 어떻게 살아간다 해도 괴로움을 피해 갈 수는 없습니다.

'인생을 괴로움'이라고 말하는 세존의 그 깊은 뜻을 알기 위해서 우리는 얼마나 많은 인생 경험이 필요할까요, 살려고 하는 의지로 인하여 생겨나는 이기심, 그 이기적 성질이 탐욕을 낳고, 지나치면 남을 해치게 되는 행위, 물론 생명을 유지해야 한다는 본능이 자신의 행위를 정당화시켜 조금도 부끄럽다고 생각하지 않고 염치도 없습니다.

우리는 자신의 생명을 지키려는 본능을 탓할 수는 없습니다. 다만 그 이기적인 본성을 탐욕이나, 남을 시기하는 도구로 사용하지 않고, 자기를 자기로 만들어 가는 삶을 살아야 한다는 것이, 초기 불교의 실천 사상입니다.

『숫타니파타』 776을 보면,
붓다는 근심의 근원이 생명에 대한 애착에 있음을 알고,
"모든 생존에 대한 망집에 끌려서, 이 세상 사람들이 벌벌 떨고 있는 것을 나는 보고 있다. 비열한 사람들은 여러 가지의 생존에 대한 망집에서 떠나지 않고, 죽음에 직면하여 운다."라고 말합니다.
　시간은 저장할 수가 없습니다. 시간은 생존과 맞물려 있어서 자신의 존재가 유한하다는 사실을 인식하게 합니다. 우리는 삶의 방법을 배우기 위하여 죽을 때까지 기다리기엔 생명이 너무 짧습니다. 오늘이 지나가면 내일이 온다는 보장은 누구도 할 수 없습니다. 붓다는 우

리에게 과거에 집착하지 말고, 미래를 두려워하지도 말라고 말합니다. 오로지 오늘을 위하여 살아가라고 말합니다.

오늘은 중국 시사詩史에 산수山水 시인으로 크게 알려진 맹호연孟浩然의 시 한 편을 감상하도록 하겠습니다. 그는 성당盛唐 시기 삼대三大 시인이었던 이백李白, 두보杜甫 그리고 왕유王維와 함께 같은 시대의 시인으로, 관리가 되어 유가적 이상을 펼치려 했으나 그 뜻을 이루지 못했으며, 은자隱者로서 고상한 삶도 살지 못했던 불우한 시인이었습니다.

왕유와 더불어 중국 산수 전원시의 원조로 불리는 그의 시는 맑고 담담하지만, 실의와 회포를 읊는 경우가 많았습니다. 특히 조탁이 없는데도 격조가 매우 높아 많은 사람의 추앙을 받고 있습니다.

밤에 여강에 배 대니 벗이 동림사에 있다고 하
여 시를 지어 보낸다

맹호연

강길로 여산을 지나가게 되어
송문에서 호계로 들어왔다네.
듣자니 그대 해탈의 즐거움을 찾으려고
맑은 밤 절집에 머물러 있다며?
돌 거울에 보일까 숲속 혼령 무서워하고
참선 자리엔 겁먹은 비둘기 숨어들었겠지
불법으로 도의 진리 깨달았다면
떠도는 나그네의 마음에도 비춰주시게.

夜泊廬江聞故人在東林寺以詩寄之
야박여강문고인재동림사이시기지

孟浩然 맹호연

江路經廬阜 강로경려부　松門入虎谿 송문입호계
聞君尋寂樂 문군심적락　淸夜宿招提 청야숙초제
石鏡山精怯 석경산정겁　禪林怖鴿棲 선상포합서
一燈如悟道 일등여오도　爲照客心迷 위조객심미

이 시詩는 개원 24년(736) 맹호연孟浩然(689~740)의 나이 48세에 강서성江西省에서 장강으로 흘러드는 감강灨江을 출발하여 여강廬江에 이르렀을 때 근처 동림사東林寺에 머무는 친구가 생각이 나서 지은 시詩입니다. 첫째 연에서 자신의 행로를, 둘째 연은 동림사에 친구가 머물고 있음을 알게 되고, 셋째 연에서 동림사의 밤 풍경을 상상하며, 마지막 연에서는 벗의 산사山寺 생활의 모습을 그려내고 있습니다.

특히 마지막 구에서 '자신을 떠도는 나그네'로 표현함으로써 흔들리는 마음을 불심佛心으로 구원 받아보려고 하지만, 유교적 사고에 깊이 젖은 맹호연에게 있어서 불교는 다만 자기 삶에 대한 반성의 대상일 뿐이었습니다. 외부적 상황에 의한 불가피한 선택이었지만, 오랜 갈등 끝에 그가 선택한 길은 전원田園으로 돌아가는 것이었습니다.

맹호연은 30수 정도의 불교와 관련된 시를 남기고 있지만, 동시대의 산수 자연시인 왕유와는 달리 불교나 승려에 관한 관심보다는 불교 사원이 갖추고 있는 자연 풍물의 아름다움에 더 심취했다고 할 수 있습니다. 따라서 그의 불교 시 속에는 불교적 색채보다는 산수에 대한 아름다움이 짙게 나타나고 있음을 느끼게 됩니다.

이 시를 좀 더 느끼기 위해서는 불가佛家에 전해오는 몇 가지 이야기를 이해할 필요가 있습니다.

동림사東林寺는 여산廬山에 있는 사찰로 384년에 자사인 환이桓伊가 혜원慧遠을 위해 지은 절이며, 호계虎溪

는 절 앞에 흐르는 시냇가로 혜원이 손님을 전송할 때는 이 시냇가를 넘지 않았다고 합니다. 어쩌다 넘어가면 호랑이가 울었다고 하여 호계虎溪라 했다 합니다. 적락寂樂은 모든 번뇌를 초탈하여 고苦를 멸滅한 해탈의 경지를 말하며, 석경石鏡은 아마도 여산에 있는 둥근 바위를 말하고 있는 듯합니다. 산정山精은 사람의 형체를 하고 있으나, 발이 하나에 키가 3, 4척이나 되며 밤에만 나타난다는 괴물이라 하고, 포합怖鴿은 매에게 쫓기던 비둘기가 부처님 곁으로 날아 오자 그림자를 드리워 감춰주었다는 불교 전설에서 유래합니다.

(2024. 3. 28.)

중국 선시禪詩의 향기 24

마음 열어놓고 속세의 번뇌 씻어낸다

어느 날 석존께서 연꽃이 만발한 연못가를 거닐다 연잎 사이로 까마득히 내려다보이는 지옥 세계를 보게 되었습니다. 마침 지옥에는 세상의 모든 악행을 저지르다 죽어서 지옥에 빠진, 간다타라는 사내가 다른 악귀들과 함께 불길 속에서 꿈틀거리며 벌을 받고 있었습니다. 석존께서는 그 모습을 보고 측은한 마음에 간다타의 전생을 들여다보았습니다. 그리고 살아생전에 단 한 번이지만 풀숲을 기어가는 거미를 밟아 죽이지 않고 살려준 선한 행동을 찾아냈습니다.

　석존은 그 일을 근거로 간다타를 도와주려고 가느다란 거미줄을 지옥 끝으로 내려보냈습니다. 간다타는 그 거미줄을 보고는 허겁지겁 매달려 하늘을 향해 오르기 시작했습니다. 물론 거미줄이 어떻게 내려왔는지 생각할 겨를도 없었지만 생각하지도 않았습니다. 오로지 하늘을 보며 온 힘을 다하여 오르다가 얼마나 올라왔는지 슬쩍 아래를 내려다보고는 깜짝 놀랐습니다.

　까마득히 내려다보이는 지옥으로 늘어진 거미줄에는 수많은 악귀가 줄을 잡고 자신을 따라 기어오르고 있었습니다. 간다타는 이러다가는 가느다란 거미줄이 견디지 못하여 끊어질 것이고, 그러면 자신은 다시 지옥으로 떨어질 게 분명해 보였습니다.

　그는 천국으로 가는 모처럼의 기회를 놓치기 싫었습니다. 또 자신에게 주어진 이 기회를 남들과 공유한다는 것도 싫었습니다. 그래서 간다타는 어떻게 하였을까요, 만약 삶의 현실에서 이와 비슷한 현상이 벌어졌다면 사람들은 어떻게 행동할까요.

다른 사람 때문에 손해를 본다는 증오심과 자기 혼자 누리겠다는 욕망, 간다타는 거미줄이 끊어질까 두려워 줄을 타고 오르는 아귀를 떨어뜨리기 위해 몸을 크게 흔들었습니다. 그 순간 가느다란 거미줄이 뚝 하고 끊어지면서 간다타는 끝도 없는 지옥으로 다시 떨어졌습니다. 석존은 이 모습을 바라보면서 말없이 가던 길을 갔습니다.

  이 이야기는 제가 10대 초반에 저의 어머니가 들려준 것으로, 그때는 몰랐었는데 오랜 세월이 지난 후, 이 이야기가 일본 근대 문학을 대표하는 아쿠타가와 류노스케의 작품 중,「거미줄: 蜘蛛の糸」이라는 작품의 줄거리임을 알게 되었습니다.
  그런데 세존께서는 간다타의 행동을 보면서 어떤 심정이었을까요, 제 생각으로는 아마도 그러려니 하고 당연한 듯 놀라지도 않았을 것입니다. 왜냐하면 업이란 누가 대신 구제해 줄 수 있는 것이 아님을 알기 때문입니다.

세존이 할 수 있는 일은 거미줄을 내려주는 것일 뿐, 구원은 스스로 해결해야 할 과제입니다. 하늘은 스스로 돕는 자를 돕는다는 말이 있습니다. 불교의 종교적 체험은 신에 의한 은총이나 초월적 경험으로 이루어지지 않습니다. 붓다와 신자와의 관계는 인생의 바른길을 안내하는 스승과 제자의 관계일뿐, 붓다에 의해 설해진 그 길을 따를 것인지 말 것인지는 자신에게 달린 문제입니다.

붓다는 해탈을 향한 길을 설할 뿐, 해탈은 스스로 깨달아야 합니다. 인간의 연약함과 어리석음을 주시하는 불교, 붓다는 바보 같은 일인 줄 알면서도 끊어내지 못한다고 꾸중하지도 않습니다. 모든 게 망상에 불과한데도 혼자서 망상인 줄도 모르고 방황하는 인간에게 붓다는 말할 수 없는 연민의 눈길을 주고 있습니다. 인간의 어리석은 마음을 바라보며, 그 마음속으로 파고들어가, 고통의 근원을 찾아낸 것이 붓다의 가르침인 것입니다.

오늘도 시 한 편을 감상하면서 하루를 접도록 하겠습니다.

영은사

낙빈왕

취령은 울울창창 높고 험한데
용궁이 닫힌 듯 고요하구나.
누대에서 창해의 솟는 해 바라보고
절 문은 절강의 거친 조수 맞이한다.
계수나무 열매 달 속에서 떨어지니
하늘의 향기 구름 밖에 나부낀다.
담쟁이 넌출 잡고 탑 오르는 길 깊고
속 파낸 나무에 물 흐르는 샘터는 멀다
서리 가볍게 내리니 꽃은 다시 피고
얼음이 살짝 얼어 이파리는 덜 시든다.

어려서는 불교를 멀리서 숭상했었는데
이제 마음 열고 속세의 번뇌 씻어낸다.
천태산에 들어갈 준비는 되어 있으니
돌다리 건너가는 나를 보아주오.

靈隱寺영은사

　　　　　　駱賓王낙빈왕

鷲嶺鬱岹嶢취령울초요　龍宮鎖寂廖용궁쇄적료
樓觀滄海日누관창해일　門對浙江潮문대절강조
桂子月中落계자월중락　天香雲外飄천향운외표
捫蘿登塔遠문라등탑원　刳木取泉遙고목취천요
霜薄花更發상박화갱발　氷輕葉互凋빙경엽호조
夙齡尙遐異숙령상하이　披對滌煩囂피대척번효
待入天台路대입천태로　看我渡石橋간아도석교

낙빈왕駱賓王(623~684)은 초당初唐 때 사람으로 무주婺州, 의오義烏(지금의 절강성 의오)가 고향으로, 일곱 살에 지었다는 「거위를 노래하다:詠鵝영아」라는 시는 지금도 중국 어린이가 배우는 첫 번째 고전 시로 유명합니다.

그는 왕발, 양형, 노조린과 함께 초당初唐 사걸四傑 중의 한 사람이었습니다. 684년 황실에 대한 반란이 양주揚州에서 일어나자 이에 동조하여 무측천을 무력으로 징벌하라는 『토무씨격討武氏檄』이라는 격문을 짓기도 했지만, 무측천武則天은 오히려 이 격문을 읽고 낙빈왕의 재능을 아쉬워했다는 유명한 일화가 전해지고 있습니다.

이 시는 시인이 영은사를 찾아가 보고 느낀 소감을 쓴 시로, 7연聯인 홀수 연聯을 사용하고 있습니다만, 후대 사람들은 홀수 연聯을 사용하지 않아 짝수 연聯이 중국 시 형식의 기본으로 자리를 잡게 되었습니다.

시를 이해하기 위해 먼저 몇 개의 어휘를 설명해 보도록 하겠습니다. 영은사靈隱寺는 중국 선종 10대 사찰

중 하나로 동진東晉 때 인도에서 온 혜리慧理라는 스님이 창건한 절로, 지금의 절강성 항주시 서쪽 교외에 있습니다.

첫 구에 나오는 취령鷲嶺은 부처님이 『법화경』을 설법했다는 인도에 있는 영취산으로, 여기서는 영은사 앞산 봉우리를 빗대어 말하고 있습니다. 혜리慧理가 처음 이곳에 왔을 때,

"저 산은 천축에 있는 영취산 봉우리 같은데, 언제 이리로 날아왔지,"라고 한데서 유래한다고 합니다.

그런 연유로 영취봉靈鷲峰(신령스러운 독수리 형상의 봉우리), 또는 비래봉飛來峰(날아온 봉우리)이라 부르기도 합니다.

용궁은 용왕이 부처님께 용궁에 오셔서 설법해 주시기를 청원 했다는 전설을 인용하여 영은사를 가리키고 있습니다. 절강조浙江潮는 절강성에 흐르는 전단강을 거슬러 들어가는 조수로, 맹렬한 기세로 밀려드는 물결이 장관을 이루지만, 무엇보다도 조수와 조수끼리 부딪치며 내는 소리가 더 유명한 곳입니다. 하이遐異는 세속

과 매우 다르다는 뜻으로 불교를 말하고 있습니다.

이제 운문의 시를 산문시로 만들어 볼까요,

세존의 설법했던 천축에 있는 영취산을 닮은 비래봉에 영은사라는 절이 있는데, 나무숲 울창한 높은 산 절집은 속세와 단절되어 너무나 고요하다.
누대에 오르면 푸른 바다 멀리 해 솟는 모습 보이고, 절강浙江의 조수潮水와 마주한 문으로 들어서 보니 그야말로 절경이구나.
주위를 둘러보니 전설 속의 달에서 씨가 떨어졌다는 그 자태 우람한 계수나무는 향기마저 구름 밖을 떠도는 듯하다.
불탑은 깊숙한 곳에 있으니 담쟁이넝쿨 잡고 한참을 가야 하고, 나무속을 파내어 물을 끌어오는 샘터는 멀리 떨어져 있다.
이곳은 기후가 따뜻해서 그런지 꽃은 쉽게 지지 않고 나뭇잎도 고루 시들지 않아 덜 시든 잎 사이로 새순

이 돋아난다.

 어려서부터 불문에 관심이 많았었는데도, 이제야 영은사를 찾아왔노라. 지금부터 마음을 풀어놓고 편안하게 쉬면서 세상의 모든 번뇌 씻어내려 한다. 내 마음 이미 불문에 들 준비되어 있으니, 아무나 쉬이 건너지 못한다는, 천태산의 돌다리(石橋석교)를 건너가는 나를 한번 보아주시게.

 석교石橋는 천태산의 명승지인 석량비폭石梁飛瀑으로, 긴 바위가 두 산 계곡 사이에 걸쳐져 있어 마치 다리처럼 보여 붙여진 이름입니다. 너비는 일 척이 안 되고 길이는 수천 보가 되며 밑으로는 만장의 심연이 내려다보여, 무아의 경지에 이른 사람이 아니면 이 다리를 건너지 못한다고 합니다. (2024. 4. 7.)

중국 선시禪詩의 향기 25

나는 아직도 속세의 미련을
버리지 못했습니다

우리는 삶 가운데 죽음보다 더 심각한 일이 없음에도 불구하고 삶의 대부분을 사소한 것들로 낭비해 버립니다.

아침에 눈을 뜨자마자 돈을 벌기 위해 서둘러 밖으로 나가 일을 해야 하고, 또 자신을 돋보이려고 사람을 만나면, 떠벌이기도 하고 허세를 부리기도 하면서 쉴 사이 없이 뛰어다녀야 합니다.

여유로운 생활과 편안함을 즐기기 위해서는 많은 돈

이 필요하므로, 언제나 돈과 시간에 쫓기는 삶을 살아 갑니다. 편리함을 위한 일이 나를 구속하는 번잡함으로 변해 가는데도, 스스로 느끼지 못하고 그것들의 노예가 되어 끊임없이 편리함을 신앙으로 삼아 울부짖으며 목숨을 걸고 돈을 향해 쫓아갑니다.

결국은 인간을 편하게 만들어 주었다는 현대 문명의 물질 만능주의가 사람과 사람 사이에 꼭 필요한 신뢰감을 무너트리고, 절대적 이기주의는 서로를 경계하며 경쟁하는 인간 사회를 만들어 버린 것입니다.

인류이란 말조차 사라져 버린, 살벌한 세상에서 살아 가는 인간의 참담함을 어떻게 설명해야 할까요? 우리는 끝없는 모래사막에서 갈증에 시달리며 헤매는 한 마리 하이에나로 변해 가고 있습니다.

삶은 우리가 원하는 대로는 아무것도 이루어지지 않습니다. 분명한 건 우리가 언제 죽을지 알 수 없다는 사실입니다. 티베트에는, "한 마리 새가 잠자리를 만들려고 부산을 떨다 보니, 잠을 자기도 전에 날이 밝아버렸다"라는 속담이 전해진다고 합니다.

사람들은 평생 죽도록 고생하며 재물을 모으고 명예를 얻기 위해 애를 쓰지만, 삶의 진행 속도는 너무나도 빠르기에 결국은 죽음의 문 앞에 이르러서야 모든 게 헛된 망상임을 깨닫게 됩니다. 거의 모든 사람이 죽음을 위해 아무런 준비 없이 살다가 죽음이 임박해서야 삶의 소중함을 깨닫게 됩니다. 더 많은 돈과 덧없는 권력과 명예를 위하여, 그리고 더 편한 생활을 찾아 방황하다가 결국에는 이것들의 노예가 되고 맙니다.

그렇습니다. 죽음이란 삶의 의미가 반영된 거울 같은 것으로, 우리가 어떻게 살아야 하는지를 생각하게 합니다.

삶의 길은 찾을 수 없을 정도로 이리저리 엉킨 번잡한 길보다 누가 걸어가도 편안한 기분으로 걸을 수 있는 길이 행복한 길이라고 한다면, 우리가 진정 소중히 여겨야 할 것은 물질이 아니라 사람과 사람 사이를 맺어주는 인간관계, 즉 배려와 사랑임을 알아야 합니다.

세상은 영원히 지속되는 것이 아무것도 없습니다. 이 세상에는 어느 것도 변하지 않는 건 하나도 없습니다.

"우리의 삶과 죽음은 마치 춤동작과 같고, 삶은 하늘에 번쩍이는 번개와 같아서 잠깐 사이에 지나가 버린다"라고 붓다는 말합니다.

죽음의 덧없음은 우리가 날마다 겪는 일이며, 어느 날 내 주변 사람이 하나둘 사라져가도 세상은 아무렇지 않은 듯 흘러가는 게 무상無常입니다. 마치 모든 현상이 구름이 모였다 흩어지고 사라져 버리는 것과 다를 바가 없습니다.

나란 존재는 도대체 무엇입니까, 지난날 우리가 살아왔던 일들이 꿈같지 않습니까, 부모와 형제자매가 모두 함께 어울려 지냈던 어린 시절이 어디론가 사라져 버렸듯이 우리는 지난 세월을 추억이라는 기억 속에 남겨두고 떠나왔습니다. 다시는 되돌아갈 수 없는 시절, 지금 바로 이 순간도 곧 기억의 뒤편으로 사라져 버릴 것입니다.

우리는 어디에 있든, 또 무엇을 하던, 영원하지 않으며 어떻게 변할지 예측할 수도 없습니다. 심지어 우리 마음 역시 텅 비어 있어, 생각은 떠올랐다가 사라지고 다시 또 다른 생각이 끊임없이 나타났다 사라지면서 우리의 마음을 흔들어 놓습니다.

석존은 우리에게 "무상無常의 진리를 바라보고 무명無明에서 벗어나라고" 말합니다.

변하지 않는 진리를 굳이 찾는다면, '변하지 않는 것은 이 세계에는 하나도 없다는' 것일 겁니다.

오늘도 한 편의 시를 감상하며 무엇이 잘못인지 하루를 생각해 보면 어떨까요.

휘 스님의 「가을밤 산정에 주다」에 답하며

진자앙

달빛이 하얗게 내려앉은 가을 숲
은은한 푸른 산이 고요할 때쯤
선방에서 계절의 변화를 느끼며

창문을 열어놓고 홀로 앉아있노라면
바람과 샘물 소리 밤과 섞여 들려오고
이슬에 젖은 달빛 하늘이 차갑겠지
속된 마음 버린 그대에겐 부끄럽지만
속세의 근심 아직도 다스리지 못했다오.

酬暉上人秋夜山亭有贈수휘상인추야산정유증

陳子昂진자앙

皎皎白林秋교교백림추　微微翠山靜미미취산정
禪居感時變선거감시변　獨坐開軒屛독좌개헌병
風泉夜聲雜풍천야성잡　月露霄光冷월로소광랭
多謝忘機人다사망기인　塵憂未能整진우미능정

진자앙陳子昂(659~700)은 초당의 시인으로 자는 백옥伯玉이며, 재주梓州 사홍射洪(지금의 사천성泗川省) 사람으로, 부유한 지주 집안에 태어났으나, 열여덟 살이 될 때까지 술 마시고 놀기 좋아해서 글씨를 쓰고 읽을 줄을 몰랐습니다.

검술 자랑을 하다가 사람을 다치게 한 후, 무예를 버리고 학문에 매진하여 당唐 고종 때인 682년 진사에 급제했습니다.

그는 급하고 직설적인 성격으로 감옥에 갇히기도 했으며, 696년 거란의 반란을 진압하기 위해 건안왕建安王 무유의武攸宜의 참모로 활동하기도 했습니다. 하지만 전과를 올리지 못하고 무유의宜武攸와 의견 대립으로 강등까지 당해야 했습니다.

시인은 698년 늙은 부모를 봉양하기 위하여 고향으로 낙향했으나 부친은 곧 돌아가시고, 권세가 있는 무유의武攸宜의 사주를 받은 사홍현령射洪縣令에 의해 41세의 젊은 나이로 억울하게 옥에 갇혀 죽었습니다.

그는 유방劉邦의 세운 한漢 나라의 후기와 조조曹操의 아들 조비曹丕가 세운 위魏 나라의 문학 특징을 가리키는 한위풍골漢魏風骨을 중히 여겨 감정과 기세가 강건하고 중후한 시를 지음으로써, 초당에서 성당으로 넘어가는 시의 흐름에 크게 영향을 끼쳤습니다.

특히 그의 감우시感遇詩는 어두운 필치로 재능이 있어도 인정을 받지 못하는 자신에 대한 비애를 드러내고 있는 시로 후대의 많은 사람으로부터 사랑을 받았습니다.

이 시는 진자앙이 휘 스님으로부터 받은 「가을밤 산정에 주다秋夜山亭有贈추야산정유증」에 대한 답시答詩로,

시인은 휘 스님이 머무는 가을밤 사찰의 풍경을 상상하며 자신의 심정을 담담하게 그려내고 있습니다.

전체에 흐르고 있는 시상詩想을 설명하기 전에 먼저 시에 사용된 어휘를 잠깐 보면,

휘暉 스님(上人상인)은 진자앙이 청년 시절부터 알고 지냈던 재주梓州 사홍현射洪縣, 독좌산불사獨坐山佛寺의 원휘圓暉라는 승려이며, 상인上人은 승려에 대한 존칭입니다.

망기인忘機人은 개인적인 세속의 이익(利慾이욕)을 탐하지 않는 승려 원휘圓暉를 가리키며, 진우塵憂는 세속의 번뇌와 근심을, 정整은 마음 따위를 다스리거나 가다듬

는다는 뜻입니다.

그러면 시상을 한번 펼쳐보도록 하겠습니다.

가을밤 달빛이 너무 밝아 마치 나무숲이 하얗게 눈이 내린 듯, 푸른빛이 은은하게 감도는 산속. 산이 고요할 때쯤이면, 계절의 변화를 생각하며 선방에 문 열어 놓고 홀로 앉아서, 어둠에 섞여 들려오는 바람과 샘물 소리 들으며, 달빛에 젖은 이슬이 차갑게 반짝이는 하늘을 무심히 바라보고 있을 스님을 생각합니다.

세속의 이익을 모두 잊고 계신 스님에게 말하기가 정말 부끄럽습니다. 나는 아직도 속세의 미련을 버리지 못했습니다.

시인은 자신의 괴롭고 고달픈 마음을 하소연하듯 담담한 마음으로 털어놓고 있습니다. (2024. 4. 26.)

중국 선시禪詩의 향기 26

절이란 예전부터 세상 밖 감동인걸

생로병사가 있다는 건 세상에 변하지 않는 실체(自性자성)가 없다는 말입니다. 그러기에 무아無我라 하는 것입니다. 이때 아我는 내가 아니라 세상의 모든 현상을 말합니다. 따라서 무상無常과 무아無我는 하나의 짝을 이루고 있습니다. 즉 무상無常은 시간상에 일어나는 현상이며, 무아無我는 공간상에 존재하는 현상을 말합니다.

불가佛家에서는 현실을 '고苦'라는 관점에서 출발합니

다. '고苦'의 원인은 '욕망'과 '집착'으로, 집착의 원인은 무명無明, 즉 모든 현상이 무상無常하고 무아無我 하다는 진실을 모르기에 무명無明을 '고苦'의 원인이라고 하는 것입니다.

붓다는 괴로움이 유발되어 커가는 과정을 십이연기十二緣起로 설명하는데, 그 첫 번째가 무명無明인 것입니다.

따라서 모든 고뇌는 '무명無明'에서 출발하여 열두 가지 인연에 따라 연쇄적으로 일어나는 현상으로, 중생들의 겪는 심리적 체험은 고뇌를 가져다주는 미망迷妄에 불과하다는 것입니다.

생·노·병·사의 '고苦'는 현실이며 그 '고苦'를 극복하는 것이 '낙樂'입니다. 이때 '낙樂'은 감각적인 것이 아닌, '열반적정涅槃寂靜'으로서의 '낙樂'을 말합니다. '열반적정涅槃寂靜'은 태어남과 죽음이 없어진다는 의미가 아닙니다. '모든 것(諸法제법)이 영원불변하지 않다(諸行無常제행무상)'라는 사실을 깨닫고, 집착하지 않음으로써 도달하게 되는 '적멸寂滅' 또는 '적정寂靜'의 상태로, 고苦의 소멸 상태를 말합니다. 그러므로 이때 적寂은 그저 적적寂寂하다고 하는 뜻이 아니라 모든 집착을 떠난 고요함을 의미하는 열반낙涅槃樂을 말합니다.

어떤 사람이라도 이 세상을 살아가는 한, 여러 가지 고통을 내면적으로 품고 있기에, 세속적 욕망(번뇌煩惱)을 벗어나기란 그리 쉽지 않을 것입니다.

따라서 불교가 설 하는 '현실을 소중히 하라'는 말은 삶의 고뇌를 거부하려 애쓰지 말고, 있는 그대로 바라보면서(如實여실), 끊임없이 유혹하는 번뇌의 불씨가 무엇인지 알아차리고, 현재 살아가는 이 세상에서 그 고통을 벗어버리라는 부처님의 애틋한 마음이라 할 수 있습니다.

장자 또한 삶을 꿈이라고 말합니다. 꿈을 꾸고 있는 동안은 자신이 꿈을 꾸고 있다는 사실을 모르기에, 꿈을 꾸는 사람에게는 꿈이 현실이 되는 것입니다.

정말로 우리의 삶이 꿈이라면, 삶이라는 꿈속에서 어떻게 그것이 꿈임을 알 수 있을까요? 꿈에서 경험하는 어떠한 것도 모두 공空임을 알기 위해서는 꿈에서 깨어나야 합니다. 꿈에서 깨어나 꿈인 줄 알아차린다는 것은 자신의 집착할 대상이 본래 실체가 없음을 알게 되는 것입니다.

불가佛家에서는 '세상에 일어나는 모든 현상은 원인과 조건(因緣인연)에 의존하는 결과에 불과하므로 생멸의 과정을 떠날 수가 없다(諸行無常제행무상)'라고 말합니다. 시간의 흐름에 따라 바뀌고 변화하는, 실체가 없는 것에 집착하여 마음이 얽매이게 되면, 어리석은 망상에 빠지게 된다는 것입니다. 실재하지 않는 걸 실재라고 생각해서 거기에 집착하는 한, 인간은 스스로 만들어 낸 꿈이라는 환상 속에 살아갈 뿐입니다.

존재하지 않는 것을 '실재'라고 여기는 것을 불교에서는 변계소집성遍計所執性이라 부릅니다. 이로부터 관념의 상像이 생겨나고 집착과 분별이 일어 생·로·병·사의 고뇌에서 헤어나지 못하게 되는 것입니다.

석존은 말합니다.

"아지타여, 세상은 무명으로 덮여 있다. 세상은 탐욕과 태만으로 하여 더러워진다. 욕심이 세상을 더럽힌다. 고뇌가 세상의 큰 두려움임을 나는 말한다." 『숫타니파타』 1033.

오늘도 시 한 편에 담겨있는 삶의 모습을 찾아 떠나도록 하겠습니다.

옹호산사

장열

텅 빈 산 적막하여 불심이 우러나고
골짜기 아득하니 새소리만 들려온다.
절이란 예전부터 세상 밖 감동인걸
향 촛대 앞에 어찌 속세의 감정 있으리
구름 사이 동쪽으로 산 겹겹 드러나고
숲속 남쪽 호수가 조금씩 밝아 온다.
만약 소부와 허유 마음 이와 같은 거라면

새삼 덩굴 옷 벗어 벼슬과 바꾸지 않으리라.

灉湖山寺 옹호산사

張說 장열

空山寂歷道心生 공산적력도심생 虛谷迢遙野鳥聲 허곡초요야조성
禪室從來塵外賞 선실종래진외상 香臺豈是世中情 향대기시세중정
雲間東嶺千重出 운간동령천중출 樹裏南湖一片明 수리남호일편명
若使巢由同此意 약사소유동차의 不將蘿薜易簪纓 불장라벽역잠영

　　장열張說(667~730)은 초당의 시인으로 무측천武則天, 중종中宗, 예종睿宗, 현종玄宗 등 4대를 거치며 세 번이나 재상을 지냈던 인물로, 하동河東에서 출생하였으나 어린 시절부터 낙양洛陽에서 살았습니다.
　　후진 발탁에 힘써 장구령張九齡, 하지장賀知章, 왕만王灣 등이 그의 추천으로 문단에 나오게 될 정도로 문장이

뛰어났으며, 조정의 중요한 문건 대부분이 그에 의해 나왔기에, 뛰어난 작가라는 명칭인 대수필大手筆이라 불렀습니다.

문장은 강건하고 비문碑文에 뛰어났으며, 713년 현종이 즉위하자 중서령中書令이 되었습니다. 그러나 재상 요숭姚崇과의 불화로 상주자사相州刺史로 좌천되고 얼마 지나지 않아 다시 악주자사岳州刺史, 형주장사荊州長史로 계속되는 좌천의 쓰라림을 맞게 됩니다.

이 시는 시인이 50세를 앞둔 개원 3년(715) 시인이 악주자사岳州刺史로 쫓겨난 겨울에 지은 작품으로 추정되며, 회한과 원망으로 격앙된 감정을 불심佛心으로 다스리고 있음을 보여주고 있습니다.

한시 속에는 옛날부터 전해오는 고사나 전설, 또는 역사상의 사건을 시속에 인용하여 표현하는 특징이 있는데, 그것을 전고典故라 부릅니다. 전고에 대한 이해는 한시를 이해하는 데 꼭 필요한 요건으로 본 시의 마지막 연聯인 두 줄의 구句에 나타나는 전고를 먼저 설명한 후에 전체적인 시의詩意를 살펴보도록 하겠습니다.

중국에는 "허유許由가 귀를 씻고, 소부巢父가 소를 옮긴다(許由洗耳허유세이, 巢父遷牛소부천우)"라는 고사가 전해오는데, 소유巢由는 중국 고대 요임금 때의 허유許由와 소부巢父를 말합니다.

요임금이 팔십이 넘어 나라를 다스릴 수 없게 되자 어질다고 소문이 난 허유에게 임금의 자리를 맡으라 하지만, 이 말을 들은 허유는 들어서는 안 될 말을 들었다며, 하남성河南省 영수潁水 근처의 기산箕山에 숨어버립니다.

그 후 요임금은 다시 허유를 찾아내 구주九州라도 맡아주기를 요청하자, 더러운 속세의 말을 듣게 되었다며, 하남성河南省 등봉현登封縣에서 회수淮水로 흐르는 영수潁水에 가서 귀를 씻고 있었습니다. 이때 소에게 물을 먹이러 왔던 소부가 그 모습을 보고 연유를 물어본 후 소를 몰고 떠나려 했습니다. 이에 허유가 소부에게 소에게 왜 물을 먹이지 않고 떠나는지를 묻자, 소부는 더러운 귀 씻은 물을 소에게 먹일 수 없다 하며 냇물 위쪽으로 소를 몰고 가버렸습니다. 두 사람은 기산에 은거하였는데, 훗날 허유와 소부는 세속의 일을 탐하지 않는 은자로 남게 되었습니다.

다시 마지막 구에 나오는 나벽蘿薜은 담쟁이와 승검초로 모두 덩굴식물이며 『초사』「산귀」에 보면,

"승검초로 옷을 입고, 새삼 덩굴로 띠 둘렀네(被薜荔兮帶女羅피벽려혜대여라)"라는 구절이 나오는데, 은자의 복장이나 거처를 비유하고 있습니다.

이 시는 악주성岳州省 남쪽에 소재한 호수 근처에 있는 산사의 풍경과 자신의 감정을 전체적으로 그려내고 있습니다.

시어는 대체로 평이하지만 마지막 연聯인 두 줄의 구句가 일반 사람이 이해하기에 다소 어려울 듯합니다.

시인은 벼슬살이에서 밀려나 분노에 차 있던 마음이 산사에 머물면서 어느덧 사라져 감을 느끼고 있습니다. 이처럼 세상의 욕심을 버릴 수 있게 만들어 주는 산사의 풍경을 바라보며 자신이 과연 어떻게 살아야 할지,

바로 지금 자신의 마음이 소부와 허유의 마음과 같다면 굳이 벼슬을 탐하여 좌천의 쓰라림으로 고통스러워할 필요가 어디 있겠는가, 시인은 관리가 되기 위해 굳이 편안한 삶을 버리기에는 너무 아쉽다는 심정을 드러내고 있습니다. (2024. 5. 6.)

중국 선시禪詩의 향기 27

대숲 깊은 곳에서 독경 소리 들려온다

　우리는 사회라는 울타리 안에서 서로가 서로에게 의존하며 살아가는 존재로 나름대로 온 힘을 다해 각자 살아가지만, 나이가 들어 몸이 불편하거나 행동이 자유롭지 못하게 되면 타인의 도움을 받아야만 살아갈 수 있습니다. 따라서 우리가 가장 소중히 여겨야 할 것은 타인과 원만한 관계를 맺는 일입니다. 타인과의 관계는 돈이 많거나 지식이 뛰어난 사람만 할 수 있는 일이 아닙니다. 진정으로 타인을 배려하고 염려하며, 아품을 함께 나눌 수 있는 진실한 마음이 있어야 합니다.

이 세상에는 잘나고 못남이 따로 존재하지 않습니다. 사람은 모두 똑같은 하나의 존재로 살아갑니다. 따라서 각자 살아가는 방법은 달라도 그 삶의 무게는 같다고 할 것입니다.

흔히 사람들은 돈 많은 사람을 부러워하고 가난을 싫어하지만, 가난한 사람이나 돈 많은 부자라 할지라도 그 내면을 들여다보면 서로 다른 개체에 불과할 뿐, 겉만 보고 삶의 진실을 파악하기란 그리 쉽지 않습니다.

『장자莊子』「제물편齊物篇」을 보면, 인간을 포함한 세상 만물은 그 형태나 성질이 천차만별이지만, 그것은 단지 서로 다른 조건 아래 표현된 현상일 뿐, 본질적 차이가 있는 것이 아니라는 구절이 보입니다.

또 「추수편秋水篇」을 보면,

"만물은 다 한가지거늘 어느 게 못하고 어느 게 낫다는 말인가?(萬物一齊만물일제, 孰短孰長숙단숙장)"라는 구절도 보입니다.

세상은 결코 타인의 도움 없이는 살아갈 수 없는 곳입니다. 많고 적음은 형태상 서로 다른 차별성을 갖지만, 서로가 겉모습에 얽매여 '의존'한다는 점에서 보면 하등의 차이가 없습니다. 많은 것은, 적음이 있으니 많다 할 것이고, 적음은 많은 것이 있을 때 적다 할 것입니다. 큰 것은 큰 대로 작은 것은 작은 대로 각기 나름의 개성을 지닌 채 서로 의지하며 조화롭게 변해 가는 곳이 이 세상인 만큼, 우리는 크고 작음을 구분하거나, 있음과 없음을 구별하여 남을 무시해서는 안 됩니다.

『화엄경』을 보면, "하나가 전체이고 전체가 하나(一卽多, 多卽一)"라는 구절이 있습니다. 이 말이 갖는 의미는 세상에 존재하는 것은 모두 타자와 관계를 맺고 있다는 뜻입니다. 선善과 악惡 역시 상호 의존적 관계로 선善 곁에는 악惡이 있고, 악惡 곁에는 선善이 있어 선함과 악함이 서로 뒤엉켜 서로를 꿰고 있음이 인간의 본래 모습입니다. 삶 속에서 일어나는 어떠한 현상도 다른 부분과 서로 연관 되어 있지 않음이 없다는 말입니다.

상호 관계의 전체적 조화를 강조하는 불교의 핵심

사상인 연기법緣起法은 모든 현상의 합일과 상호 연관성을 말하고 있습니다.

"이것이 있을 때 저것이 있고, 이것이 일어날 때 저것이 일어난다. 이것이 없을 때 저것이 없고, 이것이 멸할 때 저것이 멸한다"라는 원인과 결과(因果인과)의 이치를 '원인과 조건(因緣인연)'이라고도 하는데, 인연에 의해 만물이 생멸한다는 뜻에서 '연기緣起'라고 합니다.

인연설을 설명하는 말은 불교의 중심적 가르침으로, 이미 초기 불교에서 생겨나 불자들에게 전해지고 있습니다.

만물은 오로지 원인(因인)과 조건(緣연)에 의존하는 결과로 생멸의 과정을 떠날 수 없으니, 모든 생명이 영원하지 않다는 진리(諸行無常제행무상)를 깨달아 타인과의 생활을 소홀히 하지 않도록 마음을 다스리라고 불가에서는 말합니다.

현대의 불교 지도자인 티베트의 달라이 라마 역시 타인과의 관계를 벌과 개미들의 생활에 비유하여 "개미와 벌들을 보라, 법도 종교도 없지만 서로 도우며 질서 있게 살아가는 데, 우수하다는 인간의 삶은 어떠한 가?"라며, 솔직한 마음으로 사심을 버리고 진심으로 타 인을 대하고 배려한다면, 상대 역시 마음의 문을 열어 놓을 것이라고 말합니다.

그러면 오늘도 시 한 편으로 하루의 고달픔을 달래 보도록 하겠습니다.

신정 스님의 사원

위응물

파란 이끼 고루 덮인 그윽한 길
새벽 숲이 이슬 젖어 희미하다.
대숲 깊은 곳에서 독경 소리 들리는데
높은 선방 사립문은 굳게 닫혔다.
안개 낀 산이 좋아 나무 아래 앉아
새소리 들으며 기쁜 아침 맞이하며

곧바로 고요한 정취에 빠져드니
저절로 세상일이 멀어져 간다.

神靜師院 신정사원

韋應物 위응물

靑苔幽巷遍 청태유항편　新林露氣微 신림로기미
經聲在深竹 경성재심죽　高齋獨掩扉 고재독엄비
憩樹愛嵐嶺 게수애람령　聽禽悅朝欣 청금열조흔
方耽靜中趣 방탐정중취　自與塵事違 자여진사위

위응물韋應物(약 735~791)은 당나라 현종 때 사람으로 어떤 이유인지 모르지만, 시인으로 이름이 널리 알려져 있었음에도 역사서(史書사서)에는 그에 관한 기록이 보이지 않고, 북송 때 왕흠신王欽臣이 위응물 시집을 교정하며 쓴 한 편篇의 서문序文에 시인의 사적을 최초로 언급하고 있습니다.

따라서 그가 언제 태어나고 어느 때 죽었는지 정확히 알 수 없고, 다만 그가 쓴 시들을 종합해 보면, 대략 735년에서 737년쯤 출생하지 않았나 짐작할 뿐입니다.

그가 출생한 시기는 그야말로 당唐나라 시단詩壇의 최고 전성기로, 맹호연孟浩然, 왕유王維, 이백李白, 두보杜甫, 잠삼岑參 등이 시인으로 한창 활약하던 때였습니다.

그는 15세의 어린 나이에 황제 곁에 머물며 신변을 호위하던 숙위宿衛가 되어 매년 현종이 여산廬山으로 목욕하러 갈 때면 으레 따라갈 만큼 황제의 측근이라는 권력에 의지하여 주변 사람들에게 무례하고 건방지게 굴었습니다.

그는 나이 22세 되던 해에 숙위의 신분으로 태학에 들어갔으나 여전히 혈기방장한 오만함을 버리지 못했습니다.

726년 현종에 이어 숙종이 서거하자 숙위의 직책을 잃게 되고 남들로부터 무시당하자 보의사寶意寺로 들어가 독서하며 시를 배우기 시작하였습니다.

이후 시인은 낮은 벼슬자리를 옮겨 다녔으나 관직을

버리고 은거하기를 여러 차례 반복하였으며, 시를 통하여 현실에 대한 깊은 관심을 드러내거나 조정의 부패나 사회의 어두운 모습을 고발하기도 했습니다. 또한 그의 시 속에는 세속적 삶을 버리고 산림과 불가佛家에 귀의할 뜻이 드러나 있기도 합니다.

중년에 가세家勢가 기울고 아내를 잃게 되면서부터 그의 성품은 많은 변화를 보이며 점점 부드러워져 갑니다. 더욱이 관리 생활에 대한 염증을 느끼게 되면서 전원생활과 불가佛家에서 정신적 위안을 찾고자 했습니다.

특히 역양현櫟陽縣의 현령으로 부임하기를 거절하고 선복정사善福精寺에 은거한 후에는 주로 산수 전원에 관한 시들을 써냈으며, 이는 그가 산수 전원시인으로 성공하는 계기가 되었습니다. 그는 산수 전원시에서 자연의 아름다움에 대한 동경은 물론 자연에 침잠함으로써 기쁨과 해탈을 얻고자 했습니다.

시의 주체主體인 신정神靜 스님은 시인이 벼슬을 그만두고 은거했던 선복정사善福精寺의 승려입니다.

시인은 스님이 머무는 사원의 풍경과 스님의 활동, 그

리고 자신의 심정을 별다른 수식 없이 담담하게 그려내고 있습니다.

몇 개의 어휘를 정리해 보면, 첫 구는 푸른 이끼가 골고루 덮여 있는 숲속 좁은 길을 말하며, 둘째 구에서 신림新林은 초여름 신록이 우거진 숲이 새벽이슬에 젖어 푸른 나뭇잎이 희미함을 나타내고 있습니다.

넷째 구에 재齋는 스님이 수행하는 선방으로 아마도 높은 곳에 있어 고재高齋라 표현한 듯합니다.

이제 산속 분위기를 상상하면서 우리 모두 시인과 함께 자연의 아름다움에 빠져 선의 세계를 음미 해가며 천천히 소리내어 시 낭송을 해보면 어떨까요?

(2024. 6. 18.)

중국 선시禪詩의 향기 28

청정의 이치 깨닫는 것은
일찍이 바르고 착함의 근원이 있기 때문

   불성佛性은 부처가 될 수 있다는 가능성으로, 불교 경전은 조금씩 다르게 표현하긴 해도 모든 중생이 불성佛性이 있음을 설한다는 점에서 그 근본 사상이 똑같다 할 것입니다.

   『화엄경』에 보면,
   "부처와 중생 그리고 마음은 아무런 차이가 없다(心佛衆生是三無差別심불중생시삼무차별)."라는 구절이 보입니다.

사람들은 흔히 부처를 신이라 여겨 행운을 빌기도 하고 재앙을 물리쳐 주기를 바라면서 부처님께 기도를 드립니다. 그러나 부처가 우리에게 해줄 수 있는 것은, 무명에서 깨어나 세상을 바르게 보고 깨달아 올바른 삶의 길을 가도록 안내를 해줄 수 있을 뿐, 깨달음을 주거나 복을 내려줄 수가 없습니다. 다만 열심히 부처님의 말씀을 따르다 보면 좋은 업을 쌓게 되어 좋은 결과로 나타나게 되는 것입니다. 그것은 부처님이 주신 선물이 아닌 스스로 쌓은 공덕의 결과입니다.

따라서 불교에서 부처와 중생이 같다는 말은 부처는 우리의 마음에 있다는 말입니다. 부처가 미혹하면 중생이 되고, 중생이 깨달음을 얻으면 부처가 될 수 있다는 말입니다. 길을 잃고 헤매면 중생이고 깨달음을 향해 한눈을 팔지 않고 부지런히 좋은 업을 쌓으면 부처가 될 수 있다는 겁니다. 그런데도 사람들은 부처가 마음에 있음을 모르고 이곳저곳 부처를 찾아 방황합니다. 우리는 어떤 마음을 갖느냐에 따라 부처가 되기도 하고 야차가 되기도 합니다. 그래서 불교를 마음의 종교라 하는 것입니다.

누군가 삶이란 사소한 것들이 서로 엉키어 매우 심각한 일이 벌어지는 위태로운 현장을 아슬아슬하게 스치며 지나가는 길과 같다고 했습니다. 비극적인 사건을 들여다보면 대부분은 분노, 증오, 질시, 극단적인 탐욕과 집착 같은 부정적인 감정이 만들어낸 행위의 결과임을 알 수 있습니다.

아무리 놀라운 일이라도 태연한 모습으로 대하는 세상, 병적인 집착이 결국 살인이라는 폭력으로 변해도 조금도 반성하지 않고 당연한 행동이라고 생각하는 요즘 세상에는 옳음과 그름이 따로 존재하지 않습니다.

집착이 만들어낸 억누를 수 없는 분노가 엄청난 일을 저지르게 되고 결국은 자신뿐 아니라 자신을 둘러싼 주변 사람에게 고통과 슬픔을 만들어 버리게 되는 것입니다.

고대 중국의 성인 중 한 사람인 맹자의 어머니는 왜, 세 번이나 집을 옮겨야 했을까요? 맹자의 어머니는 환경이 사람의 성품을 만든다는 사실을 잘 알고 있었습니다. 사랑을 받고 자란 사람은 사랑이 무엇인지 알지만, 사랑을 받지 못하고 자란 사람은 사랑이 무엇인지 알지 못합니다. 사랑을 모르는 사람에게 사랑은 이런 거라고 아무리 가르쳐 주어도 사랑을 알지 못합니다. 사랑은 몸소 실천하는 것입니다. 배려하고 염려하고 가슴 아파하는, 그런 사랑을 부처님은 어리석은 중생을 바라보며 몸소 실천했던 것입니다. 그래서 부처님의 사랑을 대자비大慈悲라고 하는 것입니다.

인생의 성공은 물질과 명예, 권력이 아닙니다. 어떤 모습으로 삶을 살았는지, 모습이 아름다운 삶이 성공한 삶임을 알아야 합니다. 그러기 위해서는 부정적인 삶보다 긍정적 삶이 바로 성공의 비결입니다.

어느 날 저승에 먼저 가 있던 정주영 회장이 이건희 회장을 만나게 되었습니다. 마침 너무 적적하던 차에 이 회장을 본 정 회장이 불쑥 던진 말이 "여보게 가진 게 있으면 오만 원만 빌려주시게, 마침 쓸 곳이 좀 있어서." 그러자 이 회장이 "저 가진 게 아무것도 없는데요" 하고 말했습니다. 정 회장이 허허하고 웃으며 하는 말이 "자네도 역시 빈손으로 왔군."

오늘도 한 편의 시를 감상하며 삶을 돌아보도록 하겠습니다.

고적, 설거와 함께 자은사 탑에 올라

잠삼

탑의 형세는 물 치솟아 오르듯
고고히 하늘 높이 우뚝 솟아있어
탑 위에 오르니 세상 벗어난 듯
돌계단 구불구불 허공을 오른다.
우뚝 솟아올라 중원을 누른 것이
높고 가팔라 귀신의 솜씨인 듯

네 모서리가 해 가로막고 있는
칠 층 높이가 푸른 하늘에 가깝다.
내려다보며 나는 새 가리켜 보기도 하고
허리 굽혀 놀란 바람 소리 듣는다.
굽이치는 파도처럼 이어지는 산들은
동쪽을 향하여 달려가는 것만 같고
홰나무 늘어선 넓은 길 양쪽으로
보이는 전각들은 어찌나 영롱한지
가을빛이 서쪽에서 다가와
관중에는 온통 푸른빛 가득한데
오릉이 있는 북쪽 들녘 언덕은
만고의 푸르름이 흐릿하다.
(이곳에 와서) 청정의 이치를 깨닫는 것은
일찍이 바르고 착함의 근원이 있기 때문
맹세코 벼슬을 그만두고 떠나서
깨달음의 길에 끝없는 도움 되리라.

高適,薛據同登慈恩寺浮圖 고적,설거동등자은사부도

岑參 잠삼

塔勢如湧出 탑세여용출　孤高聳天宮 고고용천궁
登臨出世界 등림출세계　磴道盤虛空 등도반허공
突兀壓神州 돌올압신주　崢嶸如鬼工 쟁영여귀공
四角礙白日 사각애백일　七層摩蒼穹 칠층마창궁
下窺指高鳥 하규지고조　俯聽聞驚風 부청문경풍
連山若波濤 연산약파도　奔走似朝東 분주사조동
青槐夾馳道 청괴협치도　宮觀何玲瓏 궁관하영롱
秋色從西來 추색종서래　蒼然滿關中 창연만관중
五陵北原上 오릉북원상　萬古青濛濛 만고청몽몽
淨理了可悟 정리료가오　勝因夙所宗 승인숙소종
誓將挂冠去 서장괘관거　覺道資無窮 각도자무궁

잠삼岑參은 당唐 현종 개원 5년(717) 하남河南 선주仙州 (지금의 허창許昌 부근)에서 출생하였습니다. 그의 집안은 증조부와 백조부 그리고 백부는 재상을, 조부는 대중대부大中大夫, 부친은 자사刺史를 두 번이나 역임한 명문 관료 계층이었습니다.

　시인은 부친이 일찍 세상을 뜨자 가세家勢가 급격히 기울어 어린 나이에 생활고에 시달려야만 했습니다. 그가 두 차례나 변방으로 나가 무려 7년 세월을 막료幕僚로 종군한 것도 자신의 포부를 펼칠 기회를 얻기 위한 어쩔 수 없는 선택이었습니다.

　그러나 그가 종군 생활을 하면서 이루어 낸 시의 예술적 성과는, 그를 고적高適과 더불어 중국 시사詩史(시詩의 역사)에 중요한 부분을 차지하고 있는 변새시邊塞詩의 대표적 시인으로 칭송받게 되는 계기가 되었습니다.

　변새邊塞란, 국경 지역을 이르는 말이며, 변새시邊塞詩란 변방 지역의 색다른 풍광과 민속, 병사들의 생활과 전쟁 상황 등을 보면서 느낀 감정을 시의 제재로 활용한 시를 말합니다.

　잠삼이 시인으로 활동하던 시기는 국력이 극도로 성대했다는 '개원開元의 치治'와 국력이 급속히 쇠약해지는 원인, 즉 '안사安史의 난亂'이 일어났던 혼돈의 시기로, 잠삼 역시 시대가 드리운 그늘에서 벗어날 수가 없었습니다.

그의 시 가운데는 이런 시대의 아픔을 나타내거나 재능이 있어도 펼 기회를 얻지 못하는 심정을 드러내는 시가 적지 않지만, 그런 시들 역시 여느 대가의 작품에 비해 결코 손색이 없다는 평가를 받고 있습니다.

이 시는 천보天寶 11년(752) 가을에 두보杜甫, 고적高適, 설거薛據, 저광희儲光羲 등과 함께 장안長安의 자은사慈恩寺 경내에 있는 대안탑大雁塔을 오르며 지은 시로, 고적이 먼저 시를 짓고 나머지 사람들이 이에 화답하는 시를 지었습니다. 이 시는 그때 잠삼이 지은 것으로 웅건한 필치로 사방의 풍광을 그려내고 있습니다.

자은사는 장안의 명찰로 지금의 서안西安 남쪽에 있으며, 648년 당의 3대 황제인 고종이 태자로 있을 때 모친인 문덕황후文德皇后를 추념하기 위해 건립하면서 '자은慈恩'이라 했습니다.

시의 제목에 나오는 부도浮圖는 부처님의 사리를 모

서 놓는 탑을 말하며, 이 탑은 653년 현장법사가 오 층으로 세우고, 무측천이 십 층으로 높였으나 후에 전란으로 파괴되어 칠 층만 남게 되었습니다.

이해하기 어려운 어휘 중, 신주神州는 중국에 대한 아름다운 칭호로 여기서는 중원을 말합니다.『사기史記』「맹자순경열전孟子荀卿列傳」에 보면, "전국시대 추연鄒衍이 중국을 적현신주赤縣神州라 했다"라는 기록이 있습니다.

치도馳道는 수레가 달릴 수 있는 군왕이 다니는 넓은 길로 진秦과 한漢나라 때는 길 양편에 소나무를 심었으나, 수隋와 당唐 때는 홰나무를 심었습니다.

관중關中은 서안西安 일대로 동쪽에 함곡관函谷關, 서쪽에 산관散關, 북쪽에 소관蕭關, 남쪽에 요관嶢關이 둘러싸고 있습니다.

오릉五陵은 한漢나라 때 다섯 군주의 무덤으로 한 고조가 묻힌 장릉長陵, 혜제의 안릉安陵, 경제의 양릉陽陵, 무제의 무릉茂陵과 소제가 묻힌 평릉平陵으로 모두 위수渭水 북쪽에 있습니다.

정리淨理는 불교에서 말하는 청정의 이치를, 료오了悟

는 불가의 진리를 환히 깨닫는다는 말이며, 승인勝因은 좋은 길로 올바르게 인도하는 바르고 착한 도리라는 말입니다.

『불설무상경佛說無常經』에 보면, "승인勝因에서는 바르고 착한 도리(善道선도)가 생겨나고 악업은 지옥(泥犁이리)에 떨어진다"라고 했습니다.

이 시에 대한 전체적인 구조를 살펴보면,
첫 구에서 여덟 번째 구까지는 아래에서 위를 보며 높게 솟아 오른 탑의 웅장함과 정교함이 마치 귀신의 솜씨 같다고 극찬하고 있습니다. 아홉 번째 구에서 열여덟 번째 구까지는 위에서 아래를 내려다보며 탑이 매우 높다는 표현으로 높이 나는 새조차 내려다볼 정도라고 말합니다. 특히 열한 번째에서 열여덟 번째까지는 동·남·서·북 사방을 둘러보며 각각의 풍광을 묘사하고 나서, 마지막 네 구에서 시인은 이곳은 사람의 마음을 선하게 만드는 불도의 도량으로 이번 경험이 장차 벼슬을 그만두어 깨달음의 길을 가는데 영원한 지침이 되리라고 말하고 있습니다.

  명明의 시인 고병高棅(1350~1413)은 『당시품휘唐詩品彙』에서 이 시를 평하길 "웅혼하고 비장하여 백대百代에 뛰어나다(雄渾悲壯웅혼비장, 淩跨百代릉과백대)."라고 극찬하고 있습니다. (2024. 6. 26.)

중국 선시禪詩의 향기 29

잠에서 깰 무렵 들려오는 종소리

우리의 삶이 신의 뜻대로 정해져 있다면, 우리가 저지른 행위에 대하여 신이 어떻게 벌이나 상을 내릴 수 있겠습니까. 붓다는 자신이 지은 행위의 결과는 누구도 대신 할 수 없으며, 열반에 이르는 길 역시 자신이 스스로 가야 한다고 말합니다.

대승불교에서는 여러 부처나 보살에게 예배드리고 기원을 빌기도 하지만, 이 역시 자신의 의지를 확고히 다지는 하나의 방편일 뿐입니다.

불교는 부처나 보살에 의지하여 구원을 바라는 종교가 아닙니다. 붓다는 열반에 들기 직전 마지막 가르침을, "자신에게 의지하고 자신을 등불로 삼아 길을 가라"고 했습니다. 이는 불교가 붓다를 믿고 의지함으로써 구원을 받을 수 있는 종교가 아니라, 붓다의 가르침을 믿고 따르며 실천하는 종교임을 뜻합니다.

만약 누군가 지금 당장 여러분을 천국으로 보내줄 테니, 저 타오르는 불 속으로 들어가라고 한다면 과연 몇 사람이 그 불 속으로 들어갈까요.

천국이나 극락은 죽어서 가는 곳이 아닙니다. 또 천상의 삶이 이 세상의 삶보다 나은지는 아무도 모릅니다. 사람들은 '개똥밭에 굴러도 이승이 저승보다 낫다'라고 말합니다. 왜 그럴까요. 우리에게는 깨달음에 이를 수 있다는 의식과 지성이 있기 때문입니다. 깨달음이 생활밖에 존재한다면 그것은 신의 일이지 사람의 문제가 아닙니다.

우리가 살면서 수시로 겪게 되는 고통과 상실, 그리고 쉴 새 없이 마주치는 좌절은 우리를 절망으로 데려

가는 것이 아니라, 우리로 하여금 삶에 대한 진정한 의미를 깨닫게 함으로써 우리가 어떻게 살아야 하며 어떻게 죽음을 대비하여야 하는지를 가르쳐 줍니다.

 붓다는 우리에게 지금을 살라고 합니다. 지금보다 소중한 순간은 이 세상에는 없으므로 죽음의 순간에 간절히 원하게 되는 것이 무엇인지 생각해 보고 그것을 지금 하라고 말합니다.
 "지금 바로 이 순간 늙음과 죽음이 당신을 짓누르고 있다면, 당신은 무엇을 할 수 있습니까, 단지 착한 일을 행하고 공덕을 쌓는 일 이외는 아무것도 없습니다."
(『잡아함경』)
 불교가 우리에게 가리키는 방향은 천국도 지옥도 생각하지 말고 그냥 착한 마음으로 바르게 살라고 합니다. 배려하고 안타까워하는 마음으로 남을 용서하라고 말합니다. 재물에 눈이 먼 사람은 삶의 너머에 있는 것이 보이지 않습니다. 돈과 권력은 삶의 한 부분에 불과한데도, 자신의 전부를 돈 벌고 권력을 얻는데 쏟아붓는다면, 인생에 이보다 더한 손실은 없을 것입니다.

　장자는 인간이 자유롭지 못한 것은, 외부로부터 받는 물질적 제한(外物외물)과 내부에서 일어나는 감정(안眼·이耳·비鼻·설舌·신身·의意에 의한 욕구)에 의한 자아 속박(有己유기) 때문이라며, 사물과 자아自我를 모두 잊어버린 좌망坐忘의 경지에 도달한 사람만이 절대 자유를 누릴 수 있다고 했습니다.

　이른바 "팔다리와 몸통이 있음을 잊고, 감각적 욕망을 물리쳐, 육체의 속박에서 벗어나고, 지혜에 대한 집착을 떨쳐버려, 마침내 통하지 않음이 없는 경지인 대도大道에 동화됨으로써 휴지체墮肢體, 출총명黜聰明, 이형거지離形去知, 동어대통同於大通." 안으로는 자기가 있다는 것을 알지 못하고, 밖으로는 사물이 있음을 모르는 허정虛靜의 경계인 좌망坐忘에 이를 수 있다고 했습니다. 『장자·대종사大宗師』

　대승불교에서 말하는 해탈 역시 물질세계 속에 살더라도, 본성의 무상함을 깨달아 무명의 어둠에서 벗어나 사물과 자아 양쪽을 모두 잊어버린 경지가 깨달음이 아닐까요?

붓다는 말합니다.

"사람들은 내 것이라고 사물에 집착하여 근심하지만, 자기가 소유한 것이, 항상 머물러 있지 않고(諸行無常제행무상), 변하고 없어지는(諸法無我제법무아) 것임을 알아야 한다"라고. (『담마파타;법구경』 146)

오늘도 시 한 편을 낭송하며 하루를 되돌아보도록 하겠습니다.

용문산 봉선사에서 노닐며

두보

일찍부터 절에 와서 놀다 보니

다시 하루를 절에서 묵게 되었다.
어두운 골짜기 바람 소리 신비롭고
달 비친 숲에는 그림자 흩어진다.
용문은 매우 높아 하늘에 가까워
구름 속에 누웠더니 옷 싸늘하다.
잠에서 깰 무렵 들려오는 종소리
나로 하여금 깊은 깨달음 일게 한다.

遊龍門奉先寺 유용문봉선사

杜甫 두보

已從招提遊 이종초제유　更宿招提境 갱숙초제경
陰壑生虛籟 음학생허뢰　月林散淸影 월림산청영
天闕象緯逼 천궐상위핍　雲臥衣裳冷 운와의상랭
欲覺聞晨鍾 욕각문신종　令人發深省 령인발심성

└ˇ '잠에서 깬다'는 의미로 쓸 때는 '교'로 읽는다.

두보杜甫는 현종玄宗이 부친 예종睿宗으로부터 양위를 받고 정식으로 황제의 자리에 오름으로써, 만백성이 장차 다가올 태평성대의 꿈에 부풀었던 서기 712년에, 공현鞏縣(河南省하남성)에서 태어났습니다.

사람들이 그를 부를 때는 이름인 보甫라 부르지 않고 자미子美라 불렀습니다. 자미子美는 두보의 자字로 중국에서는 남을 부를 때 실명으로 부르기를 꺼리는 경향이 있습니다. 그래서 스스로는 이름을 말해도 남을 부를 때는 자字로 불렀습니다. 또 시인은 「애강두哀江頭」라는 시에서 자신을 '소릉少陵의 늙은이:野老야노'라 했는데, 이는 시인의 선조가 장안 교외에 있었던 한漢나라 선제宣帝의 황후 능, 즉 소릉少陵 근처에 살았기 때문입니다. 이후에 사람들은 그를 두소릉杜少陵이라 부르기도 합니다만, 가장 잘 알려진 이름은 역시 시詩의 성인聖人, 즉 '시성詩聖'이라는 명칭입니다.

두보는 '시는 소재를 통해 감동을 낳는다'라는 사실을 잘 알고 있었던 시인이었습니다. 감동을 낳기 위해서는 소재의 윤곽을 또렷하고 치밀하게 포착하여 감동의 물증을 제시하여야 합니다. 따라서 두보의 시는 시어詩語가 치밀하고 섬세한데다, 격렬하기까지 합니다. 그래서 대구對句가 매우 정밀합니다.

대구란, 문법 조건이 같은 어휘가 단정하게 같은 위치에 좌우로 대칭을 이루어야 하는 매우 세밀한 어휘 조작을 말합니다.

두보의 시는 일생에 걸쳐 끊임없이 변화하면서 완성해 갑니다. 삼십 대에서 사십 대 초반까지는 장안에 살면서 벼슬을 구하려 했으나 소득이 없었습니다. 그러나 이백, 고적 등 당대의 최고 시인들과 친구로 지내면서 시야를 넓히고 어휘를 갈고 닦는 시기였습니다.

시인이 마흔넷이 되던 해에 안녹산의 난을 맞으면서, 그의 시 속에는 우수의 번뇌라는 변화가 보이기 시작합니다. 이후 두보는 사천四川의 성도成都에 들어가 벗들의 도움으로 초당을 짓고 생애 가장 행복한 시절을 보내게 됩니다. 이때 그의 시는 평화롭고 안정된 완숙미를 보여주기 시작합니다.

그러나 좋은 시절은 오래가지 않았습니다. 그는 다시

방랑의 길을 나서야 했습니다. 양자강揚子江 물줄기를 타고 내려와 사천의 끝자락, 험준하기로 이름난 삼협三峽의 절벽으로 둘러싸인 작은 도시 기주夔州에 머물게 됩니다. 이곳에서 시인은 마지막 영혼을 태웁니다. 이제 우수에 잠긴 그의 노래는 개인에 머무르지 않고 인간의 보편적 우수를 노래합니다. 그리고 770년 그의 나이 쉰 아홉에 호남湖南의 배 안에서 생을 마치게 됩니다.

"두보 시에는 한 글자도 내력이 없는 것이 없다"라고 말하듯 그는 시로써 역사를 말했습니다. 이로써 그에게는 '시사詩史'라는 별칭이 하나 더 붙게 됩니다. 또한 두보는 중국 고전 시가 지닌 모든 가능성을 탐색한 시인으로 이후의 모든 시가 그의 시에 근원을 두었다고 해도 과언이 아닙니다. 스스로 "사람을 놀라게 하는 시를 쓰지 못하면 죽어서도 쉬지 않겠다(語不驚人死不休어불경인사불휴)."라며 평생을 시작에 몰두했던 것입니다.

이 시는 두보가 개원 24년(736) 낙양에서 시행한 과거에 낙방의 고배를 마시고 낙양에 머물던 시기의 작품으로, 젊은 두보의 불교관을 엿볼 수 있는 작품이라 할 수 있습니다.

용문산은 낙양시 남쪽 교외에 있는 산이라기보다 낮은 언덕으로, 남으로 내려가면 언덕이 이수伊水에 끊겼는데, 그 양쪽이 궐문과 같다고 하여 이궐伊闕 또는 쌍궐雙闕이라 불렀습니다. 고종高宗 초년에 착공하여 675년 완공한 봉선사는 바로 이 용문산 이수 북안에 있는 절로, 맞은 편 향산사와 마주하고 있습니다.

부처님을 모시는 감실大龕에 세워진 주불主佛 노사나불은 높이가 17미터나 되며, 용문 석굴 가운데 가장 규모가 크기로 이름이 나 있습니다.

어휘를 풀어보면, 허뢰虛籟는 『장자·제물론』에 보면, 천뢰天籟, 지뢰地籟, 인뢰人籟에 대한 묘사가 있는데, "바람 소리가 천뢰, 물소리가 지뢰, 생황이나 피리 소리가 인뢰 風聲爲天籟풍성위천뢰, 水聲爲地籟수성위지뢰, 笙竽爲人籟생우위인뢰"라고 했습니다.

상위象緯는 하늘에 별자리 모양으로 경도經度와 위도

緯度를 말합니다. 여기서는 해와 달 별을 가리키고 있습니다. 구름 속에 눕다(雲臥운와)라고 한 것은 절이 높은 곳에 있음을 강조하는 말입니다. (2024. 7. 20.)

중국 선시禪詩의 향기 30

아직은 세상에 드리운 빛 남아 있네

인간은 태어나는 순간부터 빚을 지고 살아갑니다. 첫 번째 빚은 부모에게 지게 됩니다.

부모는 어린 생명을 지키기 위해 큰 사랑으로 자신을 희생하며 자식이 자립할 수 있도록 도와줍니다. 자식이 아프면 자신의 아픔보다 더 아파하고, 자식의 배고픔을 걱정할 뿐 자신의 배고픔은 전혀 문제가 되지 않습니다. 그저 자식에게는 "괜찮다, 괜찮다"라고 말할 뿐, 부모의 삶은 모두 자식을 위한 삶이 되는 것입니다.

부모에게 진 빚은 말로 다 표현할 수가 없습니다. 그래서 우리는 하늘 아래 이보다 더 큰 사랑이 없다고 하는 것입니다.

두 번째 빚은 살면서 지게 됩니다.

인간은 혼자서는 살아갈 수가 없습니다. 누군가는 함께 해야 살아갈 수 있는 인간은 매우 이기적입니다. 어려서는 형제자매들과 어울려 다투기도 하고 서로 보듬어 주기도 하면서, 또 학교에서는 남들과 함께 생활하면서 점차 자신의 이기심을 줄여갑니다. 어른이 되어서는 타인과 어울리는 방법을 배우고 서로 돕고 살아야 한다는 이치를 터득해 갑니다. 그러니 자신도 모르는 사이에 여러 사람으로부터 빚을 지게 되는 것입니다.

세 번째 빚은 죽어서 지게 되는 것입니다.

아무리 훌륭한 사람이거나 돈이 많은 사람일지라도 죽은 자신을 손수 거둘 수는 없습니다. 그러므로 호사스럽고 걱정 없이 삶을 살아가는 사람도 죽음에 대한 고뇌는 지울 수가 없습니다. 사람이 죽은 몸뚱어리는 내가 아닌 자식이나 타인에게 맡길 수밖에 없으니 빚을 지게 되는 것입니다.

이승에 살면서 의미를 부여했던 것들이 쓸모없게 되어버리는 죽음, 저승에 간 뒤에는 이승의 빚을 갚을 길이 없습니다. 그러므로 우리가 진 빚은 살아있는 동안에 갚아야 하는 것입니다.

성인은 우리에게 빚 갚는 방법을 나름대로 제시합니다. 붓다는 자비慈悲로, 예수는 사랑(愛애)으로, 나름의 방법으로 빚 갚는 방법을 말하고 있습니다만, 그 근본은 어떻게 살아야 빚을 갚을 수 있는지를 말하고 있는 것입니다.

자비慈悲는 남의 고통을 자신의 아픔처럼 안타깝게 여겨야 베풀 수 있는 배려입니다. 부모님의 마음이 아마 이런 마음이 아닐까 합니다.

사랑은 용서하는 마음입니다. 잘못된 사람이라고 하기엔 그렇습니다만, 나를 괴롭히는 사람마저도 분노가 아닌 용서하는 마음으로 감싸안으라는 말입니다. 그런 마음으로 세상을 살아간다면, 아마 이 세상에는 어떠한 불의不義도 존재할 수가 없을 것입니다.

성인의 말 속에는 이념이 없습니다. 삶의 도리를 일깨워줄 뿐, 강요하거나 맹목적 순종을 요구하지도 않습니다.

그럼에도 불구하고 일부 무지한 인간들이 자기 멋대로 성인의 말씀을 해석하고 분석하여 일상적 언어로는 쉽게 이해할 수 없게 함으로써, 우리를 혼란스럽게 한다고 느끼게 되는 이유는 무엇 때문일까요?

제 말은 성인의 말씀을 믿지 말라는 뜻이 아닙니다. 성인의 말씀을 너무 깊은 의미로 파고들지 말라는 겁니다. 종교나 철학은 본래 어렵게 말해야 권위가 서는지 모르겠습니다만, 제가 생각하기에는 성인은 오로지 인간 세상에서 일어나는 평범한 일에 대하여 진실을 말할 뿐, 이해할 수 없는 어려운 말이나 심오하고 신비스러운 말로 사람을 현혹되게 하거나, 거짓말로 사람을 두려움에 빠지도록 하지 않는다고 믿기 때문입니다.

말이란 생각을 전달하는 수단에 불과할 뿐, 생각 그 자체는 아닙니다. 그리고 또 말은 생각을 전달하기엔

부족한 면이 너무 많습니다.

　더군다나 시간이 지나면 말은 상황을 설명할 뿐 사실을 전하지 못합니다. 왜냐하면 전달하는 과정에서 왜곡되기 때문입니다. 하물며 그 말을 글로 적어 전달하려고 한다면 얼마나 왜곡될지 분명해집니다. 거기다가 이런 말 저런 말 나름대로 설명한답시고 덧붙이다 보면 아마도 진실은 까마득히 멀어져 버리고 껍데기만 남게 되는 경우가 허다하기 때문입니다.

　그래서 붓다는 우리처럼 평범한 중생에게는 그저 착하고 고운 마음으로 거짓 없는 삶을 산다면 죽어서 좋은 곳으로 갈 수 있다고 말합니다.

　오늘도 시 한 편으로 마음을 달래보도록 하겠습니다.

영은사 산정 선원 벽에 적다

기무잠

절은 산 높은 곳에 솟아있어
속세의 말소리 들리지 않고
맑은 은하에 탑 그림자 걸어놓아
종소리 구름 섞여 들려온다.
불법을 깨닫느라 선실 닫아놓고
독송을 하면서 향불 사른다.
더구나 서역에서 수레가 와 멈추니
세상 드리운 빛 아직 남아 있구나.

題靈隱寺山頂禪院 제영은사산정선원

綦毋潛 기무잠

招提出山頂 초제출산정　下界不相聞 하계불상문

塔影挂淸漢 탑영괘청한　鐘聲和白雲 종성화백운
觀空靜室掩 관공정실엄　行道衆香梵 행도중향범
且駐西來駕 차주서래가　人天日未曛 인천일미훈

　기무잠綦毋潛(691~756)은 성당 시기에 활동한 시인으로 자는 효통孝通이며, 건주虔州 남강南康(지금의 강서성 공현贛縣) 사람으로 기무綦毋는 성이고 이름이 잠潛입니다. -일설에 의하면, 형남荊南 사람이라고 하기도 합니다만-

　시인은 열다섯 살에 장안으로 유학을 와서 왕유, 맹호연, 고적 등 강남의 저명한 시인들과 교우했으며, 왕유와는 매우 절친하였습니다.

　왕유는 기무잠이 과거에 낙방하여 고향으로 돌아갈 때 「낙제하고 돌아가는 기무잠을 전송하며(送綦毋潛落第還鄕송기무잠낙제환향)」라는 시를 지어 위로하기도 했습니다. 시풍은 왕유와 비슷하며 외롭고 쓸쓸한 산수 정경을 맑고 뛰어나게 그려내고 있습니다. 특히 세속을 벗어난

도가나 불가에서 느끼는 심정을 시의 詩意에 담아놓음으로써 시인 자신의 한적한 삶을 추구하고 있음을 알 수 있습니다.

영은사靈隱寺는 지금의 절강성 항주시 서호 서북쪽에 소재한 사찰로 당나라 시인들이 즐겨 찾았던 곳이었습니다. 시인은 영은사가 자리한 환경과 승려들의 생활하는 모습을 자신의 심정을 의탁해 그려내고 있습니다. 특히 마지막 연聯은 서방으로부터 들어온 불법이 온 누리에 멈추지 않고 밝게 비춰주기를 염원하고 있다 할 것입니다. (2024. 10. 12.)

*24번 영은사를 참고하세요.

참고 문헌

A sanga Tilakaratne 지음/공만식·장유진 옮김『열반 그리고 표현 불가능성』, 도서출판 씨·아이·알, 2007.

강성위 편저,『고적·잠삼 시선』, 민미디어, 2001.

거해스님 편역,『법구경』, 고려원, 1992.

곽경립『왕유시의 자연 정취와 선취 연구』, 제주대학교 석사학위 논문, 2005.

구섭우 편저/안병렬 역,『한역, 당시 삼백수』, 계명대학교출판부, 1991.

권서용 지음,『다르마키르티와 불교 인식론』, 그린비, 2010.

권순홍 지음,『유식 불교의 거울로 본 하이데거』, 도서출판 길, 2008.

권호종 편저,『위응물 시선』, 민미디어, 2001.

김운학 옮김,『숫타니파타』, 범우사, 1992.

김재근 역,『대승입능가경』, 명문당, 1992.

김재두 역,『한산자 시집』, 경서원, 2005.

김진 지음,『니체와 불교적 사유』, 울산대학교출판부, 2004.

김형준 지음,『이야기 인도사』, 청아출판사, 2020.

나카무라 하지메 저/정태혁 옮김,『원시 불교』, 동문선, 1993.

달라이 라마 지음/공경희 옮김, 『마음을 바꾸면 인생이 변한다』, 문이당, 2002.

리처드 칼슨 지음/정영문 옮김, 『우리는 사소한 것에 목숨을 건다』, 창작시대, 1998.

박삼수 옮김, 『왕유시 전집』, 지식을만드는지식, 2017.

박삼수 옮김, 『장자』, ㈜ 문예출판사, 2018.

사이구사 미쯔요시 저/윤종갑 옮김, 『불교철학 입문』, 경서원, 1997.

소걀 린포체 지음/오진탁 옮김, 『티베트의 지혜』, 민음사, 1999.

손수편·조규백 역주, 『당시 삼백수 정선』, 학고방, 2010.

심덕잠 엮음/서성 옮김, 『당시 별재집』, 소명출판사, 2013.

심재룡, 『동양 철학의 이해 1』, 집문당, 2002.

야나기 무네요시/ 최재목 외, 『미의 법문』, 이학사, 2005.

양훼이난 지음/원필성 옮김, 『불교 사상사』, 정우서적, 2008.

에크하르트 톨레 지음/노혜숙, 유영일 옮김, 『지금, 이 순간을 살아라』, ㈜양문, 2002.

오다 스스무 지음/김은주 옮김, 『동양의 광기를 찾아서』, 르네상스, 2004.

오수형 외 3인, 『유종원 집』, 소명출판사, 2009.

와쓰지 데쓰로우 저/안승준 옮김, 『원시 불교의 실천 철학』, 불교시대사, 1993.

요리토미 모토히토 외/김무생 옮김,『밀교의 역사와 문화』, 민족사, 1989.

요시카와 고지로/조영렬 외 옮김『두보, 시절을 슬퍼하여 꽃도 눈물 흘리고』, 도서출판 뿌리와이파리, 2009.

이남종 저,『맹호연 시 연구』, 서울대학교출판부, 2007.

이리야 요시다카 저/신규탁 옮김,『선과 문학』, 왕경각, 1993.

이병주,『두보와 이백』, 도서출판 아르케, 1999.

이병한, 이영주 역해,『당시선』, 서울대학교출판부, 1998.

이성호 역,『맹호연 전집』, 문자향, 2006.

이철헌 엮음,『붓다의 근본 가르침』, 도서출판 문중, 2007.

이현복 외,『인간 본성에 관한 철학 이야기』, 아카넷, 2007.

임창순 저,『당시 정해』, 소나무, 1999.

정세근 엮음,『위진 현학』, 예문서원, 2001.

정진배 지음,『장자, 순간 속 영원』, 문학동네, 2013.

조두현 저,『한시의 이해』, 일지사, 1976.

주기평 외,『진자앙 시』, 학고방, 2017.

지두 크리슈나무르티/정현종 옮김,『아는 것으로부터의 자유』, 물병자리,

진윤길 저/일지 옮김,『중국 문학과 선』, 민족사, 1992.

채심연 엮음,『봄날 친구를 그리며』, 한길사, 2004.

카마타 시게오 저/한형조 역,『화엄의 사상』, 고려원, 1987.

칼루파 하나 저/조용길 편역,『원시 근본 불교철학의 현대적 이해』, 불광출판부, 1993.

파드마 삼바바 지음/ 류시화 옮김,『티벳 사자의 서』, 정신세계사.

허항생 지음/노승현 옮김,『노자 철학과 도교』, 예문서원, 1997.

홍사성, 한 권으로 읽는『아함경』, 불교시대사, 2009.